हिन्दी भाषा एवं साहित्य का तथ्यात्मक अध्ययन

अ अक्षर

प्रतियोगी पुस्तकें

हिन्दी भाषा एवं साहित्य का तथ्यात्मक अध्ययन

सम्पादक

शैलेश कुमार

डॉ. नीलम सिंह

राजकमल प्रकाशन

ISBN : 978-93-90971-20-6

मूल्य : ₹190

पहला संस्करण : 2022

प्रकाशक

राजकमल प्रकाशन प्रा.लि.
1-बी, नेताजी सुभाष मार्ग, दरियागंज
नई दिल्ली-110 002

शाखाएँ

अशोक राजपथ, साइंस कॉलेज के सामने, पटना-800 006
पहली मंजिल, दरबारी बिल्डिंग, महात्मा गांधी मार्ग, प्रयागराज-211 001
36 ए, शेक्सपियर सरणी, कोलकाता-700 017

वेबसाइट : www.rajkamalprakashan.com
ई-मेल : info@rajkamalprakashan.com

मुद्रक

बी.के. ऑफसेट
नवीन शाहदरा, दिल्ली-110 032

HINDI BHASHA EVAM SAHITYA KA
TATHYATMAK ADHYAYAN
Edited by Shailesh Kumar and Dr. Neelam Singh

दो शब्द

हिन्दी साहित्य से मेरा औपचारिक जुड़ाव लगभग तीन दशक पहले प्रारम्भ हुआ। दिल्ली विश्वविद्यालय से इतिहास में स्नातक करने के उपरान्त जब 1991 में जवाहरलाल नेहरू विश्वविद्यालय में प्रवेश का अवसर मिला तो मैंने इतिहास की जगह हिन्दी का चुनाव किया। यह चुनाव कुछ तो संयोगवश था और कुछ सुचिन्तित। जैसाकि उन दिनों बिहार-उत्तर प्रदेश से आने वाले विद्यार्थियों का हुआ करता था—मेरा भी एक लक्ष्य सिविल सेवा था जो आज मेरा कर्तव्य क्षेत्र है। जे.एन.यू. एक आवासीय परिसर था जहाँ प्रवेश हॉस्टल की उपलब्धता सुनिश्चित करता था। सिविल सेवा में इतिहास एक विषय तथा हिन्दी दूसरा विषय होगा ऐसा मन मैं बना चुका था। संयोग यह कि उस वर्ष की प्रवेश-परीक्षा में हिन्दी की लिस्ट में मेरा नाम दूसरे या तीसरे नम्बर पर था। इतिहास में भारी मारा-मारी थी एवं हॉस्टल हिन्दी में रैंक की वजह से पक्का था। इस संयोग एवं सुनिश्चितता के योग से मैं हिन्दी का औपचारिक विद्यार्थी बना। पर जब बना तो यहीं का होकर रह गया। 1991-93 के दौरान जे.एन.यू. का हिन्दी विभाग अपने शबाब पर था। गुरुवर नामवर जी, केदारनाथ सिंह, मैनेजर पांडेय, वीर भारत तलवार, पुरुषोत्तम अग्रवाल, सोम प्रकाश सुधेश एवं सावित्री चन्द्र शोभा मैम ने हमें पढ़ाया। नामवर जी ने औपचारिक रूप से हमारे बैच के साथ ही अपना अध्यापन कर्म पूर्ण किया। केदार जी से कविताएँ—निराला की कविताएँ—पढ़ने का सुख प्राप्त हुआ। पांडेय जी ने हिन्दी गद्य के विकास की रूपरेखा समझाई। पुरुषोत्तम सर ने अपनी वैचारिक बहसों से जो भी पढ़ाया उसमें उत्तेजना बनाए रखी। तलवार सर से प्रेमचन्द; शोभा मैम से भक्ति काल तथा सुधेश सर से रीतिकाल पढ़ने की स्मृतियाँ अभी भी ताजा हैं। यह मेरा संयोग था कि गुरुवर नामवर जी ने मुझे अपने स्नेह के योग्य समझा एवं वर्ष 1991 से 2019 के उनके अन्तिम दिन तक मुझे उनकी सेवा का अवसर मिला। जब मैंने उनके संस्कृत काव्यशास्त्र के क्लास नोट्स को पुस्तकाकार रूप देने का निश्चय किया तो यह मेरे विद्यार्थी रूप का लेखक रूप में पहला रूपान्तर था। नामवर के नोट्स के नाम से यह किताब गुरुवर के हाथों ही लोकार्पित हुई। इस यात्रा को दूसरा पड़ाव तब मिला जब गुरुवर की प्रेरणा से ही मैंने अपनी सहगामिनी नीलम सिंह—जो कि संयोगवश नहीं—पूर्ण

रूपेण हिन्दी से जुड़ी है—एवं रामजस महाविद्यालय में सहायक प्रोफेसर (तदर्थ) के रूप में कई बरसों से हिन्दी पढ़ा रही है—के साथ मिलकर आलोचना के 1951 से 2019 तक के सभी अंकों की क्रमवार एवं विश्लेषणात्मक अनुक्रमणिका बनाई। यह पुस्तक राजकमल प्रकाशन से ही 'आलोचना अनुक्रमणिका' नाम प्रकाशित है। सम्भवत: यह आखिरी किताब है जिसमें नामवर जी ने 'दो शब्द' लिखे हैं। मेरी दोनों पुस्तकें गुरुवर की प्रेरणा एवं नीलम के समर्पित सहयोग का नतीजा था। नाम मेरा पहले गया था; परन्तु सरकारी काम-काज से मुझे बस इतनी ही फुरसत मिल पाती थी कि उसे अन्तिम रूप दे सकूँ। मेरे सहपाठी मित्र मधुप कुमार जो जे.एन.यू. के दिनों से ही अभिन्न सखा थे—इस प्रयोजन में सदैव साथ रहे।

आज जब अपनी इस किताब के बारे में कुछ कहने का मन हुआ तो इस पृष्ठभूमि का उल्लेख आवश्यक लगा। अशोक महेश्वरी जी मुझसे नामवर जी के माध्यम से ही जुड़े और एक बार जुड़े तो घर के हो गए। उनकी सलाह भी मेरे लिए आदेश का भाव रखती है। बड़े दिनों से उनकी इच्छा थी कि सिविल सेवा में अपने हिन्दी से जुड़ाव के कारण मुझे एक ऐसी किताब पर काम करना चाहिए जो विद्यार्थियों का मार्गदर्शन कर सके। कुछ तो अपने सरकारी काम-काज का दबाव एवं और कुछ अपनी काहिली की वजह से मैं लम्बे समय तक इसे टालता रहा। एक बार तो मैंने मजाक में कह भी दिया कि मैंने अपने सिविल सेवा वाले हिन्दी के नोट्स बचाकर रखे हैं कहें तो उन्हें ही छपवा दूँ। पर बात आई-गई हो गई। परन्तु घर में नीलम ने इसे पकड़ लिया। उसका मानना था कि सिविल सेवा में हिन्दी को एक विषय के रूप में विद्यार्थियों बीच लोकप्रिय बनाने के लिए ऐसी किताब की जरूरत है जो तथ्यात्मक परिश्रम दे सके। अशोक जी का भी विचार था कि हम दोनों मिलकर इस काम को अंजाम दे सकते हैं जैसा हमने आलोचना अनुक्रमणिका में किया था। अन्तत: किताब की रूपरेखा बनी और किताब आपके सामने है। किताब प्रतियोगी परीक्षाओं को ध्यान में रखकर बनाई गई है अतएव इसमें मौलिकता का कोई दावा मैं नहीं करता हूँ। तथ्यात्मक रूप से कुछ तथ्यों के बीच विवाद की स्थिति हिन्दी साहित्य के लिए कोई नई बात नहीं है। अतएव ऐसी आपत्तियों का स्वागत रहेगा।

किताब की रूपरेखा बनाते समय मेरे मन में अपने परीक्षा की तैयारी के दिनों की स्मृतियाँ मार्गदर्शक रूप में काम करती रहीं। मेरे पास गुरुवर नामवर जी के द्वारा सुधारे गए कुछ नोट्स की कॉपियाँ अभी भी सुरक्षित होंगी। नामवर जी के बहुविध योगदान में जिस एक योगदान की अल्प चर्चा होती है वह है सिविल सेवा में हिन्दी को पहचान दिलाने का उनका प्रयास। उनसे जुड़ने के बाद मुझे पता चला कि किस प्रकार यू.जी.एस.सी. के तत्कालीन चेयरमैन किदवई साहेब ने 1979 में सिविल सेवा में हिन्दी को एक विषय के रूप में स्थान देने के समय उसका सिलेबस

बनाने का अनुरोध किया था। गुरुवर ने न केवल हिन्दी का सिलेबस बनाया बल्कि लम्बे अन्तराल तक पूरी प्रक्रिया के सक्रिय सहभागी रहे। यद्यपि जब हमने परीक्षा देना प्रारम्भ किया तो वे किसी भी रूप में इस प्रक्रिया से जुड़े नहीं थे। परन्तु पुराना चावल ही पंथ पड़ता है—की तर्ज पर उनके उस समय के सुझाव भी कारगर सिद्ध हुए। मेरी सिविल सेवा की सफलता में उनके व्यक्तिगत स्नेह एवं मार्गदर्शन की महत्त्वपूर्ण भूमिका रही। आज जब अपनी सेवा प्रारम्भ (1997) के पचीस बरसों बाद मैंने इस काम को अंजाम दिया है तो उनका स्मरण हो आया। वे आकाशधर्मा गुरु थे। उन्होंने हमारे जैसे कितने ऐसे लोगों को राह दिखाई जो हिन्दीतर विषयों से हिन्दी में आए थे। यह उनके स्नेह का ही नतीजा था कि मैं हिन्दी से जुड़ा रहा और आज यदि यह किताब आपके सामने है तो यह उनकी अप्रत्यक्ष प्रेरणा का ही फल है।

यह किताब आपको किसी विषय का नोट्स नहीं देती। मेरा मानना है कि आपको अपने नोट्स स्वयं बनाने चाहिए। यह किताब आपको उसी कार्य में सहायता देगी। आपके नोट्स की बुनियाद में वे तथ्य होने चाहिए जिनसे आपके उत्तर को आकार मिलता है। शब्दों की बाजीगरी पेपर में छपने वाले या पत्रिकाओं में छपने वाले आलेखों एवं एम.ए., एम.फिल के समिनारों में तो कारगर है परन्तु जब आप प्रतियोगी परीक्षाओं के लिए उत्तर लिखें तो उनमें तथ्यों का आधार आवश्यक है। यह किताब आपको उसी आधारशिला के निर्माण में सहायक होगी। यह इस प्रकार का मेरा पहला प्रयास है, अतएव मुझे आपकी प्रतिक्रिया की प्रतीक्षा रहेगी जिसे आप व्यक्तिगत रूप से मेल (irsshailesh@yahoo.com) भी कर सकते हैं। अपनी और नीलम की इस कोशिश को सफल मानूँगा यदि आप में से एक भी किसी प्रतियोगी परीक्षा में इस किताब से अपेक्षित मदद पा सके। याद रखें, किताब में रखा ज्ञान और जमीन में गड़ा धन किसी काम का नहीं। पढ़ना आपको ही होगा।

शुभकामनाओं सहित

—शैलेश कुमार
भारतीय राजस्व सेवा (1997 बैच)
(सम्प्रति : मानव संसाधन विकास
महानिदेशालय में अपर महानिदेशक)

और

डॉ. नीलम सिंह
सहायक प्रोफेसर
रामजस महाविद्यालय
दिल्ली विश्वविद्यालय

अनुक्रम

हिन्दी भाषा

विश्व में बोली जानेवाली भाषाओं की संख्या को लेकर विद्वानों के बीच पर्याप्त मतभेद हैं। सामान्यतया विभिन्न भाषा वैज्ञानिकों ने लगभग 3000 भाषाओं के अस्तित्व को स्वीकार किया है। दूसरी तरफ एथनोलॉग के अनुसार आज विश्व में 7151 भाषाएँ बोली जाती हैं जिसमें से लगभग 40 प्रतिशत भाषाएँ संकटापन्न स्थिति में हैं। ऐसा इसलिए है क्योंकि इन भाषाओं के उपयोगकर्ताओं की संख्या 1000 से भी कम बची है।

ये भाषाएँ विभिन्न भाषा-परिवारों से जुड़ी हुई हैं। डॉ. भोलानाथ तिवारी और विल्हेम फॉन हम्बोल्ट ने इन भाषा परिवारों की संख्या 13 मानी है जबकि फ्रीडिश म्यूलर ने भाषा परिवारों की संख्या 100 मानी है।

आमतौर पर 4 भौगोलिक क्षेत्रों के अन्तर्गत 18 भाषा परिवारों के महत्त्व को स्वीकार किया गया है।

भौगोलिक क्षेत्र	**भाषा परिवार**
यूरेशिया	भारोपीय (भारत-यूरोपीय), द्रविड़ परिवार, काकेशी परिवार, बुरुशस्की परिवार, उराल-अल्ताई परिवार, चीनी परिवार, जापानी-कोरियाई परिवार, अत्युत्तरी (हाइप्सबॉरी), बास्क परिवार, सामी-हामी परिवार
अफ्रीका क्षेत्र	सुडानी परिवार, बंतू परिवार, होटेंटोट-बुशमैनी परिवार
प्रशान्त महासागरीय क्षेत्र	मलय-पोलिनेशियाई परिवार, पापुई परिवार, ऑस्ट्रेलियन परिवार, दक्षिण-पूर्व एशियाई परिवार
अमेरिकी क्षेत्र	अमेरिकी परिवार

❖ भारत में बोली जानेवाली भाषाओं को आमतौर पर निम्नलिखित परिवारों से सम्बन्धित किया जाता है : इंडो-यूरोपियन (विशेष रूप से इंडो-ईरानी शाखा), द्रविड़ियन, ऑस्ट्रोएशियाटिक (विशेष रूप से मुंडा), और चीनी-तिब्बती (विशेष रूप से तिब्बती-बर्मन)।

- भारत के संविधान की आठवीं अनुसूची में 22 भाषाओं का उल्लेख किया गया है जिसमें से असमिया, बंगाली (बांग्ला), डोगरी, गुजराती, हिन्दी, कश्मीरी, कोंकणी, मैथिली, मराठी, नेपाली, उड़िया, पंजाबी, संस्कृत, सिंधी और उर्दू भाषाएँ इंडो-यूरोपीय परिवार के इंडो-ईरानी शाखा के तहत इंडो-आर्यन समूह से सम्बन्धित हैं।
- कन्नड़, मलयालम, तमिल और तेलुगु द्रविड़ भाषा परिवार से सम्बन्धित हैं; जबकि मणिपुर में बोली जानेवाली मणिपुरी (मेइती), और पूर्वोत्तर भारत में बोली जानेवाली बोडो को आमतौर पर चीनी-तिब्बती भाषा परिवार की तिब्बती-बर्मन शाखा से सम्बन्धित माना जाता है।
- भारत के ऑस्ट्रोएशियाटिक-ऑस्ट्रोनेशियन परिवार में पूर्वी भारत, नेपाल एवं बांग्लादेश की संथाली व मुंडा भाषाएँ शामिल हैं। इसके अलावा मेघालय में बोली जानेवाली खासी भाषाएँ और निकोबार द्वीप समूह में प्रयुक्त होनेवाली निकोबारी भाषाएँ, जिन्हें सोम-खमेर उप-परिवार के अन्तर्गत वर्गीकृत किया गया है, भी ऑस्ट्रोएशियाटिक परिवार से जुड़ी हुई हैं। ये ऑस्ट्रोएशियाटिक भाषाएँ लगभग पूरे दक्षिण एशिया में बोली जाती हैं।
- वर्ष 2011 की जनगणना के अनुसार भारत में 112 ऐसी भाषाएँ हैं जिनके प्रयोग करनेवालों की संख्या 10,000 से भी ज्यादा है।

❖ भारतीय आर्य भाषाओं के तीन चरण—

1. प्राचीन आर्य भाषाएँ (1500 ईसा पूर्व-500 ईसा पूर्व)—

(i) वैदिक संस्कृत (1500 ई.पू.-1000 ई.पू)

(ii) लौकिक संस्कृत (1000 ई.पू.-500 ई.पू.)

2. मध्यकालीन आर्य भाषाएँ (500 ई.पू.-1000 ईस्वी)—

(i) पालि (500 ई.पू.-1 ई.)

(ii) प्राकृत (1 ई.-500 ई.)

(iii) अपभ्रंश तथा अवहट्ट (500 ई.-1000 ई.)

3. **आधुनिक आर्य भाषाएँ (1000 ई. से अब तक)**
हिन्दी, बांग्ला, गुजराती, पंजाबी, मराठी आदि

प्राचीन भारतीय आर्य भाषाएँ

प्राचीन भारतीय आर्य भाषाओं के दौर में हमें संस्कृत के दो भाषायी रूप दिखाई पड़ते हैं।

1. **वैदिक संस्कृत (1500 ई.पू.-1000 ई.पू.)**—इसे चार भागों में विभाजित किया गया है—संहिताएँ (ऋग्वेद, यजुर्वेद, सामवेद, अथर्ववेद), ब्राह्मण, आरण्यक तथा उपनिषद। इसके लिए यास्क व पाणिनि ने 'छांदस' नाम का प्रयोग किया।
2. **लौकिक संस्कृत (1000 ई.पू.-500 ई.पू.)**—अधिकांश साहित्यिक रचनाओं का सृजन लौकिक संस्कृत में ही हुआ है। महर्षि पाणिनि ने इसे ही संस्कृत भाषा का नाम दिया। वाल्मीकि कृत रामायण तथा वेदव्यास कृत महाभारत के अलावा पुराणों आदि की रचना लौकिक संस्कृत में ही हुई है।

मध्यकालीन भारतीय आर्य भाषाएँ

मध्यकालीन भारतीय आर्य भाषाओं का काल लगभग 1500 वर्षों (500 ई.पू. से 1000 ई. सन्) तक का माना जाता है। इस काल में पालि, प्राकृत एवं अपभ्रंश के रूप में भाषायी विकास की तीन अवस्थाएँ देखने को मिलती हैं।

पालि—पालि भाषा का समय 500 ईसा पूर्व से पहली ई. तक माना गया है। पालि को प्रथम प्राकृत भी कहा जाता है और यह भारत की प्रथम देश भाषा मानी गई है। पालि शब्द की उत्पत्ति को लेकर विद्वानों ने अलग-अलग मत प्रकट किए हैं। उदाहरण के लिए—

'पल्लि' से पालि शब्द की व्युत्पत्ति हुई। पल्लि का अर्थ है—ग्राम। इस प्रकार पालि का अर्थ हुआ—'ग्रामीण भाषा'।

कुछ विद्वान पालि को प्राकृत का तद्भव रूप मानते हैं। उनके अनुसार प्राकृत से पहले 'पाइल' तथा अन्त में 'पालि' हुआ।

कुछ लोगों का मानना है कि 'पाटलिपुत्र' के आसपास की भाषा होने के कारण इसका नाम पालि पड़ा; इसीलिए इसे 'मागधी भाषा' भी कहते हैं।

पालि नाम का सम्बन्ध 'पंक्ति' से भी माना गया है। महात्मा बुद्ध के वचनों में जो पंक्तियाँ प्रयुक्त की गई हैं उन्हें भी पालि कहा जाता है। भगवान बुद्ध के सभी उपदेश इसी भाषा में है।

बौद्ध धर्म से सम्बन्धित तीनों महत्त्वपूर्ण ग्रंथ—सुत्त पिटक, विनय पिटक, अभिधम्म पिटक पालि भाषा में है।

मोग्गलान द्वारा रचित 'मोग्गलान व्याकरण' को पालि का सर्वश्रेष्ठ व्याकरण माना गया है।

आचार्य बुद्धघोष द्वारा रचित 'अट्ठकथा साहित्य' व 'विसुद्धिमग्ग' तथा महाकच्चायन विरचित 'कच्चायन व्याकरण' पालि भाषा के अन्य महत्त्वपूर्ण ग्रंथ हैं।

प्राकृत

मध्यकालीन आर्यभाषाओं के इस दूसरे पड़ाव अर्थात् प्राकृत का समय पहली ई. से 500 ई. तक का माना गया है।

कुछ वैयाकरणों ने प्राकृत की तीन अवस्थाएँ घोषित की हैं, जिनमें प्राकृत की प्रथम अवस्था को पालि, द्वितीय अवस्था को प्राकृत तथा तृतीय अवस्था को अपभ्रंश नाम दिया है।

संस्कृत से हिन्दी के विकास में 'क्षतिपूरक दीर्घीकरण' सबसे महत्त्वपूर्ण प्रक्रिया है और यह प्रक्रिया प्राकृत भाषा के दौर में ही दिखनी शुरू होती है।

इस दौर में ही शौरसेनी, पैशाची, ब्राचड़, महाराष्ट्री, मागधी और अर्धमागधी नामक क्षेत्रीय बोलियाँ विकसित हुईं।

भगवान महावीर के सभी उपदेश प्राकृत भाषा में ही हैं।

अपभ्रंश

यह मध्यकालीन आर्य भाषा की तीसरी अवस्था है। इसे मध्यकालीन और आधुनिक आर्य भाषाओं के बीच की कड़ी भी माना जाता है।

भाषा के अर्थ में इसका प्रयोग छठी सदी से होने लगता है। डॉ. उदय नारायण तिवारी और भोलानाथ तिवारी के अनुसार अपभ्रंश शब्द का भाषा के अर्थ में सर्वप्रथम प्रयोग कवि चण्ड (छठी सदी) ने अपने ग्रंथ 'प्राकृत लक्षण' में किया है।

अपभ्रंश को आचार्य रामचन्द्र शुक्ल ने 'प्राकृताभास' और चन्द्रधर शर्मा गुलेरी ने 'पुरानी हिन्दी' तथा विद्यापति ने 'देसिल बयना' अर्थात देसी भाषा कहा है।

आचार्य शुक्ल के अनुसार, 'अपभ्रंश नाम पहले-पहल बलभी के राजा धारसेन द्वितीय के शिलालेख में मिलता है, जिसमें उसने अपने पिता गुहसेन (वि. सं. 650 से पूर्व) को संस्कृत, प्राकृत और अपभ्रंश तीनों का कवि कहा है।'

आचार्य रूद्रट ने अपने 'काव्यालंकार' में जिन छह भाषाओं का उल्लेख किया

है, उसमें अपभ्रंश भी शामिल है।

महाकवि कालिदास की कृति 'विक्रमोर्वशीयम्' के चतुर्थ अंक में अपभ्रंश के कुछ छंद मिलते हैं।

धनपाल द्वारा रचित 'भविस्सयत्त कहा' को अपभ्रंश का प्रथम प्रबन्ध काव्य माना जाता है।

आठवीं शती के कवि स्वयंभू को 'अपभ्रंश का वाल्मीकि' भी कहा जाता है। 'पउम चरिउ' रामकथा पर आधारित इनका प्रसिद्ध प्रबन्ध काव्य है।

पुष्पदंत द्वारा रचित 'महापुराण' भी अपभ्रंश की एक प्रसिद्ध कृति है।

अवहट्ट

अपभ्रंश की उत्तरकालीन अवस्था 'अवहट्ट' के नाम से जानी जाती है। इसका समय 900 ई. से 1100 ई. तक माना जाता है। साहित्य में 14वीं सदी तक इसका प्रयोग होता रहा।

डॉ. भोलानाथ तिवारी ने अपभ्रंश और अवहट्ट को एक ही भाषा माना है। उनके अनुसार, 'अपभ्रंश का विकास अवहंस के रूप में हुआ और अपभ्रष्ट का विकास अवहट्ट के रूप में'।

'अवहट्ट' शब्द का सर्वप्रथम प्रयोग ज्योतिरीश्वर ठाकुर की रचना 'वर्णरत्नाकर' में मिलता है। 'संदेशरासक' में भी अवहट्ट का उल्लेख मिलता है।

दामोदर पंडित, अब्दुर रहमान, विद्यापति जैसे लेखकों ने अपनी भाषा को अवहट्ट बताया है। मैथिल कोकिल विद्यापति ने अपनी रचना 'कीर्तिलता' की भाषा को अवहट्ट कहा है।

'प्राकृत पैंगलम्' के टीकाकार वंशीधर ने इसकी भाषा को अवहट्ट स्वीकार किया है।

कुछ विद्वान ने संत ज्ञानेश्वर की 'ज्ञानेश्वरी' तथा रोड कवि की 'राउलवेल' को अवहट्ट रचना मानते हैं।

आधुनिक भारतीय आर्य भाषाएँ

आधुनिक भारतीय आर्य भाषाओं का विकास अपभ्रंश के क्षेत्रीय स्वरूपों से हुआ है। इन भाषाओं को तीन भागों में विभक्त किया गया है—

1. प्राचीन हिन्दी (1100 ई. से 1400 ई.)
2. मध्यकालीन हिन्दी (1400 ई. से 1850 ई.)
3. आधुनिक हिन्दी (1850 ई. से अब तक)

वर्गीकरण की दृष्टि से देखें तो, सर्वप्रथम 1880 ई. में आधुनिक आर्य भाषाओं का वर्गीकरण फ्रेडरिक रुडोल्फ हार्नले ने किया था।

हार्नले के बाद जॉर्ज ग्रियर्सन का 'लिंग्विस्टिक सर्वे ऑफ इंडिया' आधुनिक आर्य भाषाओं के वर्गीकरण की दृष्टि से महत्त्वपूर्ण है।

ग्रियर्सन ने भाषाओं को बाहरी उपशाखा, मध्य उपशाखा तथा भीतरी उपशाखा के तौर पर वर्गीकृत किया।

1. बाहरी उपशाखा—
   - # उत्तर-पश्चिमी समुदाय—(i) लहंदा, (ii) सिंधी
   - # दक्षिणी समुदाय—मराठी
   - # पूर्वी समुदाय—(i) उड़िया, (ii) बिहारी, (iii) बांग्ला, (iv) असमिया
2. मध्य उपशाखा—
   - # मध्यवर्ती समुदाय—पूर्वी हिन्दी
3. भीतरी उपशाखा—
   - # केन्द्रीय समुदाय—(i) पश्चिमी हिन्दी, (ii) पंजाबी, (iii) भीरनी, (iv) राजस्थानी, (v) खानदेशी, (vi) गुजराती
   - # पहाड़ी समुदाय—(i) पूर्वी पहाड़ी (नेपाली), (ii) मध्य पहाड़ी/केन्द्रीय पहाड़ी, (iii) पश्चिमी पहाड़ी

डॉ. भोलानाथ तिवारी ने अपभ्रंश से आधुनिक भारतीय आर्य भाषाओं के विकास को इस प्रकार दर्शाया है—

शौरसेनी (मध्यवर्ती) अपभ्रंश	राजस्थानी, पहाड़ी, गुजराती
ब्राचड़-पैशाची (पश्चिमोत्तरीय) अपभ्रंश	लहंदा, पंजाबी, सिंधी, पश्चिमी हिन्दी
अर्धमागधी (मध्यपूर्वीय) अपभ्रंश	पूर्वी हिन्दी
मागधी (पूर्वीय) अपभ्रंश	बिहारी, बंगाली, उड़िया, असमिया
महाराष्ट्री (दक्षिणी) अपभ्रंश	मराठी

प्रमुख आधुनिक आर्यभाषाओं की विशेषताएँ

लहंदा	• अन्य नाम—हिन्दकी, जटकी, मुल्तानी, चिभाली, पोठवारी • लिपि—लहंदा (**शारदा लिपि** की एक उपशाखा) • लहंदा का शाब्दिक अर्थ 'पश्चिमी' होता है।
पंजाबी	• इसकी लिपि ल थी जिसमें सुधार कर गुरु अंगद ने **गुरुमुखी** लिपि बनाई। • मुख्य बोलियाँ—माझी, डोगरी, दोआबी, राठी आदि।

सिंधी	● यह सिंधु नदी के दोनों किनारों पर बोली जाती है। ● इसकी अपनी लिपि 'लहंदा' है, लेकिन यह **गुरुमुखी** और **फारसी** में भी लिखी जाती है। ● बोलियाँ—विचोली, लासी, सिराइक़ी, थरेली, लाड़ी।
गुजराती	● इसकी लिपि गुजराती के नाम से ही जानी जाती है। गुजराती कैथी से मिलती-जुलती लिपि में लिखी जाती है। **इसमें शिरोरेखा नहीं होती।**
मराठी	● बोलियाँ—कोंकणी, नागपुरी, कोष्टी, माहारी। ● लिपि देवनागरी है किन्तु कुछ लोग '**मोड़ी**' लिपि का प्रयोग भी करते हैं।
असमी	● मुख्य बोली विश्नुपुरिया और लिपि बंगला है।
बांग्ला	● बांग्ला प्राचीन देवनागरी से विकसित लिपि **बंगला** में लिखी जाती है।
उड़िया	● उड़िया **प्राचीन उत्कल** तथा **उड़ीसा** की भाषा है। ● उड़िया की लिपि **ब्राह्मी की उत्तरी शैली** से विकसित लिपि है। ● प्रमुख बोलियाँ—गंजामी, सम्भलपुरी, भत्री आदि।

❖ हिन्दी शब्द की व्युत्पत्ति

वैदिक संस्कृत, लौकिक संस्कृत, पालि, प्राकृत, अपभ्रंश आदि किसी भी प्राचीन भारतीय भाषा में 'हिन्दी' शब्द उपलब्ध नहीं है। वस्तुत: हमारी भाषा का नाम 'हिन्दी' **ईरानी** लोगों की देन है। संस्कृत की 'स' ध्वनि फारसी में 'ह' बोली जाती है; जैसे—सप्ताह-हफ्ताह, सिंधु-हिन्दू आदि।

भारत देश की पश्चिमी सीमा के पास प्रसिद्ध सिंधु नदी बहती है। ईरानी, सिंधु को हिन्दू कहते थे। इस हिन्दू से 'हिन्द' शब्द बना। कालांतर में सिंधु नदी के पार का सम्पूर्ण भाग 'हिन्द' कहा जाने लगा और हिन्द की भाषा हिन्दी कहलाई।

मध्यकालीन अरबी तथा फ़ारसी साहित्य में भारत की संस्कृत, पालि, प्राकृत और अपभ्रंश भाषाओं के लिए 'जबान-ए-हिन्दी' शब्द का प्रयोग मिलता है।

आमतौर पर माना यह जाता है कि अमीर खुसरो (1253-1325 ई.) ने सबसे पहले भाखा या भाषा के स्थान पर हिन्दवी या हिन्दी शब्द का प्रयोग

किया था। खुसरो के ही समय में हिन्दवी और हिन्दी शब्द मध्य देश की भाषा के अर्थ में प्रचलित हो गए।

खुसरो ने गयासुद्दीन तुगलक के बेटे को हिन्दी या हिन्दवी की शिक्षा देने की खातिर 'खालिकबारी' नामक 'फ़ारसी-हिन्दी कोश' की रचना की थी। इस ग्रंथ में भाषा के अर्थ में हिन्दवी शब्द 30 बार और हिन्दी शब्द 5 बार आया है।

शरफुद्दीन के 'ज़फ़रनामा' (1424 ई.) में भी भाषा के लिए हिन्दी शब्द का प्रयोग मिलता है।

हिन्दी से ही जुड़ा 'हिन्दुस्तानी' शब्द भी उल्लेखनीय है। तुज़ुक-ए-बाबरी में भाषा के अर्थ में हिन्दुस्तानी शब्द का प्रयोग हुआ है। प्रारम्भ में यह शब्द हिन्दी या हिन्दवी का समानार्थी था किन्तु आगे चलकर खड़ी बोली हिन्दी तथा उर्दू के मिश्रित रूप के सन्दर्भ में इसका अर्थ होने लगा।

हिन्दुस्तानी में तद्भव तथा संस्कृत तत्सम व अरबी-फारसी के वे शब्द होते हैं जो बोलचाल में भी प्रयुक्त होते हैं।

❖ हिन्दी की उपभाषाएँ, बोलियाँ और उनके क्षेत्र

हिन्दी क्षेत्र की सम्पूर्ण बोलियों को पाँच उप-भाषाओं में वर्गीकृत किया गया है—

1. पश्चिमी हिन्दी
2. पूर्वी हिन्दी
3. राजस्थानी हिन्दी
4. पहाड़ी हिन्दी
5. बिहारी हिन्दी

हिन्दी की उपभाषाएँ तथा बोलियाँ

अपभ्रंश	उपभाषा	बोली	क्षेत्र
	राजस्थानी हिन्दी [टवर्ग बहुला]	मारवाड़ी	जोधपुर, अजमेर, मेवाड़, सिरोही, बीकानेर, जैसलमेर, उदयपुर, चुरू, नागौर, पाली, जालौर, बाड़मेर, पाकिस्तान के सिंध प्रांत के पूर्वी भाग में
		मालवी	उज्जैन, इंदौर, देवास, रतलाम, भोपाल, होशंगाबाद, प्रतापगढ़, गुना, नीमच, टोंक
		मेवाती	अलवर, गुड़गाँव, भरतपुर
		जयपुरी/ढूंढाड़ी	हाड़ौती, कोटा, बूँदी, बारन, झालावाड़

शौरसेनी	पहाड़ी हिन्दी		कुमाऊँनी	नैनीताल, अल्मोड़ा, पिथौरागढ़
			गढ़वाली	गढ़वाल, टिहरी, चमोली, उत्तरकाशी के आसपास के क्षेत्र
	पश्चिमी हिन्दी	[ओकार बहुला]	ब्रजभाषा	**उत्तर प्रदेश :** मथुरा, आगरा, अलीगढ़, मैनपुरी, एटा, बदायूँ, बरेली **मध्य प्रदेश :** ग्वालियर का पश्चिमी भाग **राजस्थान :** भरतपुर, करौली, धौलपुर, जयपुर का पूर्वी भाग
			कन्नौजी	फर्रुखाबाद, कानपुर, हरदोई, पीलीभीत, इटावा, शाहजहाँपुर
			बुंदेली	झाँसी, जालौन, हमीरपुर, बाँदा, छतरपुर, सागर, ग्वालियर, भोपाल, ओरछा, नरसिंहपुर, सिवनी, होशंगाबाद
		[आकार बहुला]	कौरवी/ खड़ी बोली	रामपुर, मुरादाबाद, बिजनौर, मेरठ, सहारनपुर, देहरादून, अम्बाला, मुजफ्फरनगर, पटियाला के पूर्वी भाग
			हरियाणवी	दिल्ली, कुरुक्षेत्र, करनाल, जिंद, हिसार, रोहतक, नाभा, पटियाला
			दक्खिनी	अहमदनगर, बीजापुर, गोलकुंडा, बीदर, बरार, मुम्बई
अर्धमागधी	पूर्वी हिन्दी		अवधी	अयोध्या, लखनऊ, लखीमपुर खीरी, बहराइच, गोंडा, सीतापुर, उन्नाव, फैजाबाद, सुल्तानपुर, रायबरेली, इलाहाबाद, जौनपुर, मिर्जापुर, प्रतापगढ़, बाराबंकी
			बघेली	**मध्य प्रदेश :** दमोह, जबलपुर, रीवा, मंडला, बालाघाट **उत्तर प्रदेश :** बाँदा, फतेहपुर, हमीरपुर आदि जिलों के कुछ भागों में
			छत्तीसगढ़ी	सरगुजा, बिलासपुर, रायगढ़, दुर्ग, नन्दगाँव, काँकेर, रायपुर, खैरागढ़, कोरिया

<table>
<tr><td rowspan="3">मागधी</td><td rowspan="3">बिहारी हिन्दी</td><td>भोजपुरी</td><td>उत्तर प्रदेश : वाराणसी, गाजीपुर, देवरिया, बलिया, आजमगढ़, महाराजगंज, मऊ, चंदौली, संत कबीरनगर, सोनभद्र, कुशीनगर (पडरौना), जौनपुर, मिर्जापुर, बस्ती जिले का पूर्वी भाग
बिहार : छपरा, सिवान, गोपालगंज, भोजपुर, भभुआ, रोहतास, सासाराम, मोतिहारी, पूर्व चम्पारण, पश्चिमी चम्पारण।
झारखंड : राँची, पलामू</td></tr>
<tr><td>मगही</td><td>बिहार : पटना, गया, मुंगेर, जहानाबाद, नालंदा, नवादा, जमुई, शेखपुरा, औरंगाबाद, लखीसराय, भागलपुर
झारखंड : पलामू, हजारीबाग</td></tr>
<tr><td>मैथिली</td><td>पूर्वी चम्पारण, मुजफ्फरपुर, मुंगेर, भागलपुर, दरभंगा, पूर्णिया, उत्तरी संथाल परगना, माल्दाह, दिनाजपुर, तिरहुत सबडिविजन की सीमा के पास नेपाल की तराई में</td></tr>
</table>

हिन्दी की प्रमुख बोलियों के नामकरणकर्ता

कौरवी— राहुल सांकृत्यायन
राजस्थानी— जॉर्ज ग्रियर्सन
डिंगल— बांकीदास
ब्रजबुलि— ईश्वरचन्द्र गुप्त
बिहारी— ग्रियर्सन
भोजपुरी— रेमंड
मैथिली— कोलब्रुक

❖ पश्चिमी हिन्दी उपभाषा

'पश्चिमी हिन्दी', हिन्दी भाषा का सबसे बड़ा उपवर्ग है। इसके अन्तर्गत हिन्दी की 5 बोलियाँ आती हैं।

(i) **ब्रजभाषा—** ब्रज का अर्थ है—'पशुओं या गायों का समूह'। पशुपालन की अधिकता के कारण यह क्षेत्र ब्रज कहलाया और इसकी बोली ब्रजभाषा।

- ब्रजभाषा का विकास शौरसेनी अपभ्रंश के मध्यवर्ती रूप से हुआ है। इसका मुख्य केन्द्र 'मथुरा' है। इसके अलावा आगरा, अलीगढ़, धौलपुर, मैनपुरी, एटा, बदायूँ, बरेली तथा इनके आसपास के क्षेत्रों में भी यह बोली जाती है।
- इस बोली का आरम्भिक रूप आदिकालीन साहित्य में 'पिंगल' तथा मध्यकाल में 'भाखा' नाम से मिलता है।
- भूक्सा, अन्तर्वेदी, भरतपुरी, डांगी, माथुरी आदि ब्रजभाषा के मुख्य उप बोलियाँ हैं। ब्रजभाषा साहित्य और लोक साहित्य दोनों दृष्टि से बहुत सम्पन्न है। यह 'कृष्ण भक्ति काव्य' की प्रमुख भाषा है।
- भक्तिकाल तथा रीतिकाल दोनों में रचनाएँ मुख्यत: ब्रजभाषा में ही हुई हैं। सम्पूर्ण रीतिकालीन साहित्य ब्रजभाषा में लिखा गया है।
- 'ब्रजभाषा' तथा 'ब्रजबुली' दो अलग-अलग भाषाएँ हैं। ब्रजबुलि का प्रयोग मिथिला, बंगाल, असम तथा उड़ीसा के कृष्ण भक्ति रचनाओं में मिलता है। ब्रजबुलि को 'पुरानी बांग्ला' के नाम से भी जाना जाता है।
- सूरदास, नन्ददास, रहीम, रसखान, बिहारी, मतिराम, भूषण, देव, भारतेंदु हरिश्चन्द्र, जगन्नाथदास रत्नाकर इत्यादि ब्रजभाषा के प्रसिद्ध कवि हैं। तुलसीदास जी ने भी अपनी कुछ रचनाएँ ब्रजभाषा में की हैं; जैसे कवितावली, विनयपत्रिका आदि।

(ii) **खड़ी बोली/कौरवी—** खड़ी बोली का उद्‌भव शौरसेनी अपभ्रंश के उत्तरी रूप से हुआ है। खड़ी बोली का मूल नाम 'कौरवी' था, जो साहित्यिक भाषा में बदल जाने के कारण खड़ी बोली हो गया।

- नाम के तौर पर 'कौरवी' का प्रयोग पंडित राहुल सांकृत्यायन ने किया था, जबकि 'खड़ी बोली' के रूप में इसका नामकरण लल्लूलाल जी ने 'प्रेमसागर' (1803 ई.) की भूमिका में किया है।
- खड़ी बोली के अर्थ को लेकर विद्वानों में अलग-अलग मत हैं। प्रसिद्ध भाषाविद् सुनीति कुमार चटर्जी खड़ी का अर्थ 'सीधी', आचार्य कामता प्रसाद गुरु—'कर्कश', गिलक्राइस्ट—'गँवारू',

किशोरी दास बाजपेई जी 'खड़ी पाई' से सम्बन्धित तथा अन्य भाषावैज्ञानिक 'खरी या शुद्ध' मानते हैं।

- खड़ी बोली के लिए सुनीति कुमार चटर्जी जी ने 'जनपदीय हिन्दुस्तानी' शब्द का भी प्रयोग किया है। खड़ी बोली 'आकार बहुला' है।
- खड़ी बोली का क्षेत्र देहरादून का मैदानी भाग, सहारनपुर, मुजफ्फरनगर, मेरठ, दिल्ली, बिजनौर, रामपुर तथा मुरादाबाद आदि हैं। मेरठ की खड़ी बोली को आदर्श एवं मानक खड़ी बोली माना जाता है।
- वर्तमान हिन्दी, उर्दू, हिन्दुस्तानी और दक्खिनी कुछ सीमा तक खड़ी बोली पर ही आधारित है।

(iii) हरियाणवी/बांगरू— बांगरू या हरियाणवी का विकास शौरसेनी अपभ्रंश के पश्चिमी रूप से हुआ है।

- इसका मूल सम्बन्ध हरियाणा राज्य से है। जॉर्ज ग्रियर्सन ने इसे बांगरू कहा है।
- डॉ. धीरेन्द्र वर्मा ने हरियाणवी को स्वतंत्र बोली न मानकर खड़ी बोली का ही एक रूप माना है।
- इस बोली में पर्याप्त लोक साहित्य उपलब्ध हैं और इस बोली को 'जाटू' भी कहते हैं।

(iv) बुंदेली— बुंदेली बुंदेलखंड की बोली है तथा भू-भाग की व्यापकता की दृष्टि से यह पश्चिमी हिन्दी की एक व्यापक बोली है।

- इसका विकास भी शौरसेनी अपभ्रंश से हुआ है। यह झाँसी, जालौन, हमीरपुर, ग्वालियर, ओरछा, सागर, नरसिंहपुर, सिवनी, होशंगाबाद तथा उनके आसपास के क्षेत्रों में बोली जाती है।
- बुंदेली में लोक साहित्य पर्याप्त मात्रा में उपलब्ध है। महाकवि ईसुरी द्वारा रचित 'ईसुरी की फाग' बुंदेली की एक लोकप्रिय रचना है।
- आल्हा एक प्रसिद्ध लोकगाथा है जिसे बुंदेली की ही एक उपबोली 'बनाफरी' में लिखा गया था।
- केशवदास, पद्माकर, भूषण, लाल कवि, गंगाधर व्यास, जगनिक आदि इस बोली के प्रमुख कवि रहे हैं।

(v) कन्नौजी— इसका विकास भी शौरसेनी अपभ्रंश से हुआ है। यह इटावा, फर्रुखाबाद, शाहजहाँपुर, कानपुर, हरदोई, पीलीभीत आदि क्षेत्रों में बोली जाती है।

- कन्नौजी शब्द संस्कृत के 'कान्यकुब्ज' शब्द से विकसित हुआ है।
- कुछ विद्वान कन्नौजी को ब्रजभाषा का ही रूप मानते हैं जबकि जॉर्ज ग्रियर्सन ने इसे अलग बोली माना है।
- कन्नौज जनपद का पुराना नाम पांचाल था। चिन्तामणि, नीलकंठ, मतिराम आदि कवियों ने कन्नौजी तथा ब्रजभाषा में रचनाएँ लिखी हैं।

❖ पूर्वी हिन्दी उपभाषा

- पूर्वी हिन्दी का क्षेत्र पूर्वी उत्तर प्रदेश, मध्य प्रदेश तथा छत्तीसगढ़ तक फैला हुआ है।

  प्राचीन समय में जिस क्षेत्र को उत्तरी कोसल तथा दक्षिणी कोसल कहा जाता था, वही क्षेत्र पूर्वी हिन्दी का क्षेत्र है।

  पूर्वी हिन्दी के अन्तर्गत तीन बोलियाँ हैं—अवधी, बघेली और छत्तीसगढ़ी।

(i) **अवधी—** यह अवध क्षेत्र में बोली जाती है। 'अवध' अयोध्या का तद्‌भव रूप है। इस बोली के लिए 'कोसली', 'बाँसवाड़ी' शब्दों का प्रयोग भी होता है।

- अवधी भाषा का उद्‌भव अर्धमागधी अपभ्रंश से हुआ है। इस भाषा के प्राचीन रूप 'प्राकृत पैंगलम' में मिलते हैं।
- डॉ. भोलानाथ तिवारी के अनुसार बैसवाड़ी, मिर्जापुरी तथा बघौनी अवधी की मुख्य उप-बोलियाँ हैं।
- यह लखनऊ, प्रयागराज, फतेहपुर, उन्नाव, रायबरेली, सीतापुर, खीरी, फैजाबाद, गोंडा, बस्ती, बहराइच, बाराबंकी, सुल्तानपुर, प्रतापगढ़ आदि क्षेत्रों में बोली जाती है।
- भारत से बाहर फिजी, त्रिनिदाद, गुयाना, मॉरीशस, दुबई आदि देशों में भी अवधी बोलनेवाले लोग मिल जाते हैं।
- सूफी काव्य तथा रामभक्ति काव्य की रचना अवधी में ही हुई है। मुल्ला दाऊद (चन्दायन), कुतुबन (मृगावती), मंझन (मधुमालती), जायसी (पद्‌मावत), तुलसीदास (रामचरितमानस), उस्मान (चित्रावली), रघुनाथ दास आदि इसके प्रमुख कवि हैं।
- तुलसीदास द्वारा रचित 'रामचरितमानस' अवधी में लिखा गया सबसे प्रसिद्ध ग्रंथ है। मुल्ला दाऊद की 'चन्दायन' (1370) अवधी की पहली कृति मानी जाती है।

(ii) **बघेली—** बघेली का उद्‌भव अर्धमागधी अपभ्रंश के ही एक क्षेत्रीय रूप से हुआ है। रीवा के आसपास का क्षेत्र 'बघेल राजपूतों' के वर्चस्व के कारण बघेलखंड कहलाया और यहाँ पर बोली जानेवाली बोली बघेलखंडी या बघेली कहलाई।

- जुड़ार, गहोरा, तिरहारी बघेली की उप-बोलियाँ हैं।
- यह रीवा, सतना, शहडोल, मैहर और उसके आसपास के क्षेत्रों में बोली जाती है। अवधी और बघेली में बहुत सी समानताएँ हैं।

(iii) **छत्तीसगढ़ी—** छत्तीसगढ़ी का उद्‌भव अर्धमागधी अपभ्रंश के दक्षिणी रूप से हुआ है।

- यह बोली वर्तमान में छत्तीसगढ़ राज्य की भाषा है। इतिहास में इस क्षेत्र को 'दक्षिणी कोसल' भी कहा गया है।
- छत्तीसगढ़ी को 'लरिया' या 'खल्टाही' भी कहते हैं। सरगुजिया, सदरी, बैगानी, बिंझवाली इसकी मुख्य उपबोलियाँ हैं।
- यह सरगुजा, कोरबा, बिलासपुर, रायगढ़, खैरागढ़, रायपुर, दुर्ग, राजनांदगाँव, कांकेर आदि क्षेत्रों में बोली जाती है।
- भोजपुरी, मगही, बघेली, मराठी, उड़िया भाषी क्षेत्रों से घिरा होने के कारण इन भाषाओं का स्पष्ट प्रभाव छत्तीसगढ़ी पर देखा जा सकता है।

❖ राजस्थानी हिन्दी उपभाषा

राजस्थानी हिन्दी उपभाषा राजस्थान, मालवा जनपद और सिंध के कुछ क्षेत्रों तक फैली है। इसके अन्तर्गत 4 बोलियाँ आती हैं—मारवाड़ी, मेवाती, मालवी, जयपुरी।

(i) **मारवाड़ी—** इसे पश्चिमी राजस्थानी बोली भी कहते हैं। इसका उद्‌भव शौरसेनी अपभ्रंश से हुआ है।

- इसके क्षेत्र जोधपुर, मेवाड़, सिरोही, जैसलमेर, बीकानेर आदि हैं। यह राजस्थानी हिन्दी की चारों बोलियों में सबसे प्रमुख बोली है।
- पुरानी मारवाड़ी को ही 'डिंगल' कहा जाता है।
- मीरा के पद कहीं 'ब्रजभाषा' और कहीं 'मारवाड़ी' में मिलते हैं।

(ii) **जयपुरी—** जयपुर का पुराना नाम ढूंढाड़ी है, इस कारण से जयपुरी को ढूंढाड़ी बोली भी कहते हैं।

- यह पूर्वी राजस्थान के क्षेत्रों जैसे कि जयपुर, अजमेर, किशनगढ़, टोंक, दोसा आदि में बोली जाती है।
- तोरावटी, कांठड़ा, चौरासी, अजमेरी, हाड़ौती जयपुरी की उपबोलियाँ हैं।

(iii) **मेवाती—** मेवाती बोली मेव जाति के निवास स्थान मेवात क्षेत्र की बोली है।

- यह उत्तरी राजस्थान, अलवर, गुड़गाँव, भरतपुर तथा उसके आसपास की बोली है।
- 'अहीरवाटी' मेवाती की एक मिश्रित उपबोली है, जो गुड़गाँव, दिल्ली, करनाल के पश्चिमी क्षेत्रों में बोली जाती है।

(iv) **मालवी—** लम्बे समय तक उज्जैन के आसपास का क्षेत्र मालव या मालवा के नाम से प्रसिद्ध रहा है, इसीलिए यहाँ की बोली को 'मालवी' कहते हैं।

- यह दक्षिणी राजस्थान, इंदौर, उज्जैन, देवास, रतलाम, भोपाल, होशंगाबाद तथा उसके आसपास बोली जाती है।
- सोंडबाड़ी, रांगड़ी, पाटबी, रतलामी आदि मालवी की मुख्य उपबोलियाँ हैं।

❖ बिहारी हिन्दी उपभाषा

इस उपभाषा के अन्तर्गत हिन्दी की 3 बोलियाँ आती हैं—मैथिली, मगही, भोजपुरी।

(i) **भोजपुरी—** भोजपुरी मागधी अपभ्रंश के पश्चिमी रूप से विकसित हुई है। इसका मुख्य केन्द्र भोजपुर (बिहार) है।

- हिन्दी क्षेत्र की बोलियों में भोजपुरी बोलनेवालों की संख्या सर्वाधिक है। बिहार तथा पूर्वी उत्तर प्रदेश के अलावा यह सूरीनाम, मॉरीशस, फिजी, गुयाना, त्रिनिदाद जैसे देशों में भी बोली जाती है।
- भोजपुरी का बोली के अर्थ में सर्वप्रथम प्रयोग 1789 ई. में राजा चेतसिंह के सिपाहियों की बोली के लिए हुआ था।
- भोजपुरी का लिखित साहित्य अत्यन्त कम है। इसके रचनाकार भिखारी ठाकुर को 'भोजपुरी का शेक्सपियर' तथा 'भोजपुरी का भारतेंदु' भी कहा जाता है। उन्होंने 'बिदेसिया' सहित 12 नाटकों की रचना की है।

- भिखारी ठाकुर के अलावा महेन्द्र मिश्रा इस बोली के मुख्य साहित्यकार हैं। इनकी रचना 'अपूर्व रामायण' भोजपुरी का प्रथम महाकाव्य है।

(ii) **मैथिली**— मैथिली का उद्‌भव मागधी अपभ्रंश के मध्यवर्ती रूप से हुआ है। इसका मुख्य केन्द्र मिथिला है।

- यह आठवीं अनुसूची में शामिल हिन्दी क्षेत्र की बोलियों में से एकमात्र बोली है।
- यह दरभंगा, मुजफ्फरपुर, पूर्णिया, मुंगेर तथा इसके आसपास के क्षेत्रों में बोली जाती है।
- उत्तरी मैथिली, दक्षिणी मैथिली, पूर्वी मैथिली, पश्चिमी मैथिली, छिकाछिकी और जोलहा बोली मैथिली की 6 उप-बोलियाँ हैं।
- साहित्यिक दृष्टि से मैथिली बिहारी हिन्दी की सबसे सम्पन्न बोली है। विद्यापति (पदावली) ने मैथिली को चरमोत्कर्ष पर पहुँचाया। इनके अतिरिक्त नागार्जुन, गोविंद दास, रणजीत लाल, हरिमोहन झा, राजकमल चौधरी 'स्वरगंधा' मैथिली के प्रमुख साहित्यकार हैं।

(iii) **मगही**— मगही या मागधी का अर्थ है, 'मगध की भाषा'। मगही शब्द मागधी का विकसित रूप है। यह मागधी अपभ्रंश से विकसित हुई है।

- मगही का परिनिष्ठित रूप 'गया' जिले में प्रयुक्त होता है। इसके अलावा यह पटना, पलामू, हजारीबाग, मुंगेर, भागलपुर और इसके आसपास बोली जाती है।
- मगही में पर्याप्त लोक साहित्य उपलब्ध हैं। गोपीचन्द और लोरिक के लोकगीत प्रसिद्ध हैं।

❖ पहाड़ी हिन्दी उपभाषा

पहाड़ी हिन्दी उत्तर भारत के पर्वतीय क्षेत्रों मुख्यत: कुमाऊँ तथा गढ़वाल में बोली जाती है। इसके अन्तर्गत 2 बोलियाँ आती हैं—कुमाऊँनी और गढ़वाली। पहाड़ी हिन्दी पर संस्कृत, तिब्बती, चीनी तथा खस भाषा का प्रभाव रहा है।

(i) **कुमाऊँनी**— नैनीताल, अल्मोड़ा तथा पिथौरागढ़ क्षेत्र का पारम्परिक नाम कूर्मांचल है, जिसे कुमाऊँ कहते हैं। यहाँ की बोली कुमाऊँनी कहलाती है।

- गंगोला, फल्दकोटिया, सिराली, अस्कोटी, जोहारी, भोटिया आदि कुमाऊँनी की उपबोलियाँ हैं। इस बोली पर राजस्थानी का भी प्रभाव है।

(ii) **गढ़वाली—** बावन गढ़ियों में बँटे होने के कारण 'केदारखंड' क्षेत्र को गढ़वाल कहा जाता है और यहाँ की बोली 'गढ़वाली' कहलाती है।

- उत्तराखंड राज्य के टिहरी-गढ़वाल की बोली गढ़वाली का आदर्श रूप है।
- गढ़वाली बोली में भोटिया, शक, किरात, नागा और खस जातियों की भाषाओं के अनेक तत्त्व शामिल हैं।
- साथ ही इस पर पंजाबी और राजस्थानी का प्रभाव भी दिखाई पड़ता है।

हिन्दी साहित्य के इतिहास लेखन की परम्परा

हिन्दी साहित्य के इतिहास लेखन का वास्तविक सूत्रपात 19वीं शताब्दी से माना जाता है। मध्यकाल में भी कुछ रचनाएँ, जैसे—चौरासी वैष्णवन की वार्ता, दो सौ बावन वैष्णवन की वार्ता एवं भक्तमाल इत्यादि मिलती हैं, परन्तु इनमें कालक्रमानुसार वर्णन नहीं मिलता। अत: इन्हें हिन्दी साहित्य के इतिहास ग्रन्थ में शामिल नहीं किया जा सकता।

प्रमुख हिन्दी साहित्य के इतिहास ग्रन्थ निम्नलिखित हैं :

- हिन्दी साहित्य के इतिहास लेखन की परम्परा की शुरुआत फ्रेंच विद्वान 'गार्सा द तासी' ने 'इस्त्वार द-ला लितरेत्यूर ऐन्दुई ऐन्दुस्तानी' 1839 ई. में की।
- इसके पश्चात् दूसरा प्रयास शिवसिंह सेंगर ने 'शिवसिंह सरोज' द्वारा 1883 ई. में लिखकर किया।
- सर जॉर्ज ग्रियर्सन ने 'द मॉडर्न वर्नाक्यूलर लिटरेचर ऑफ हिन्दुस्तान' 1889 ई. में लिखा।
- मिश्र बन्धुओं ने 'मिश्रबन्धु विनोद' की वर्ष 1913 में रचना की।
- आचार्य रामचन्द्र शुक्ल ने वर्ष 1929 में 'हिन्दी साहित्य का इतिहास' ग्रन्थ लिखा।
- डॉ. रामकुमार वर्मा ने 'हिन्दी साहित्य का आलोचनात्मक इतिहास' वर्ष 1938 में लिखा।
- आचार्य हजारीप्रसाद द्विवेदी ने 'हिन्दी साहित्य की भूमिका' वर्ष 1940 में लिखी।
- डॉ. गणपति चन्द्रगुप्त ने 'हिन्दी साहित्य का वैज्ञानिक इतिहास' वर्ष 1965 में लिखा।

हिन्दी साहित्य का इतिहास व उनके लेखक

	पुस्तक का नाम	लेखक	पुस्तक का संक्षिप्त विवरण
1.	इस्त्वार द-ला लितरेत्यूर ऐन्दुई ऐन्दुस्तानी (हिन्दी कवियों का इतिहास— दो भागों में)	गार्सा-द-तासी (फ्रेंच लेखक)	पहला भाग 1839 ई. में तथा दूसरा भाग 1846 ई. में छपा। 1871 ई. में दूसरा संस्करण तीन भागों में छपा। इसमें हिन्दू-मुस्लिम कवियों और कवयित्रियों का अंग्रेजी वर्णक्रम से विवरण दिया गया। 70 के लगभग हिन्दी कवियों का विवरण।
2.	भाषा काव्य संग्रह	पं. महेश दत्त शुक्ल	1873 ई. में नवल किशोर प्रैस, लखनऊ से प्रकाशित। इसमें कुछ प्राचीन कवियों की कविताओं का संग्रह और उनकी संक्षिप्त जीवनियाँ थीं।
3.	शिवसिंह सरोज	शिवसिंह सेंगर	1883 ई. में उन्नाव जिले के शिवसिंह सेंगर द्वारा लिखित। एक हजार के लगभग हिन्दी कवियों और उनकी रचनाओं का परिचय। इसी ग्रन्थ के आधार पर सर जॉर्ज ग्रियर्सन ने 'मॉर्डन वर्नाक्यूलर लिटरेचर ऑफ हिन्दुस्तान' लिखा।
4.	हिन्दी-कोविद-ग्रन्थ-माला (भाग 2)	बाबू श्यामसुन्दर दास	भारतेन्दु कालीन 80 कवियों का रचना-संकेतों सहित परिचय। वर्ष 1909 तथा 1914 में प्रकाशित।
5.	मिश्र बन्धु-विनोद	कृष्ण बिहारी मिश्र, शुकदेव बिहारी मिश्र, गणेश बिहारी मिश्र	वर्ष 1913 में तीन भागों तथा वर्ष 1934 में चौथे भाग का प्रकाशन। हिन्दी कवियों का प्रथम विराट एवं व्यवस्थित इतिवृत्तात्मक ग्रन्थ।

		कवियों के विवरण के साथ साहित्य के विविध अंगों पर प्रकाश डाला। लगभग 5000 कवियों का विवरण। प्राचीन काव्य परम्परा के आदर्शों पर वर्गीकरण।
6. कविता कौमुदी (भाग 2)	पं. रामनरेश त्रिपाठी	वर्ष 1917 में प्रकाशित। प्रथम भाग में भारतेन्दु से पूर्व के 89 कवियों और रचनाओं का परिचय, दूसरे में 49 आधुनिक कवियों और उनकी रचनाओं का विवरण।
7. ए स्कैच ऑफ हिन्दी लिटरेचर	एडविन ग्रीव्स	वर्ष 1918 में प्रकाशित। इसमें 112 पृष्ठ हैं और 5 भागों में विभक्त हैं।
8. हिन्दी साहित्य का इतिहास	आचार्य रामचन्द्र शुक्ल	1929 में प्रकाशित। हिन्दी शब्द-सागर की भूमिका के रूप में।
9. हिन्दी भाषा और साहित्य	डॉ. श्यामसुन्दर दास	1930 में प्रकाशित। कवियों का विवरण मात्र व भाषा विज्ञान।
10. भारतीय इतिहास पर हिन्दी का प्रभाव	पं. शुकदेव बिहारी मिश्र	वर्ष 1930-31 (भाषण जो बाद में पुस्तकाकार प्रकाशित)
11. हिन्दी भाषा और उसके साहित्य का विकास	पं. अयोध्या सिंह उपाध्याय 'हरिऔध'	वर्ष 1929-30 (भाषण जो पुस्तकाकार छपे, 719 पृष्ठ भाषा और साहित्य पर अच्छी आलोचना)।
12. हिन्दी साहित्य का विवेचनात्मक इतिहास	डॉ. सर्यकान्त शास्त्री	वर्ष 1930 में प्रकाशित, हिन्दी साहित्य की विश्वजनीन भावनाओं की दृष्टि से तुलना।
13. हिन्दी का इतिहास	पं. रमाशंकर शुक्ल 'रसाल'	वर्ष 1931 में प्रकाशित, केवल उपलब्ध सामग्री का संग्रह किया।
14. हिन्दी साहित्य का संक्षिप्त इतिहास	डॉ. श्यामसुन्दर दास	वर्ष 1931 उस व्यापक अर्थ में नहीं लिया गया।
15. आधुनिक हिन्दी साहित्य	कृष्ण शंकर	वर्ष 1934 में प्रकाशित। आधुनिक

का इतिहास	शुक्ल	कवियों और साहित्यकारों का साहित्यिक परिचय दिया।
16. हिन्दी साहित्य का आलोचनात्मक इतिहास	डॉ. रामकुमार वर्मा	वर्ष 1938 में प्रकाशित। चारण और धार्मिक काल का वर्णन है।
17. हिन्दी साहित्य का सुबोध इतिहास	बाबू गुलाब राय	वर्ष 1938 उपयोगी कला, शरीर रक्षा, प्राणि शास्त्र।
18. हिन्दी साहित्य का इतिहास	मिश्र बन्धु	वर्ष 1939 में प्रकाशित। आंग्ल प्रभाव से पूर्व का व्यवस्थित इतिहास।
19. हिन्दी साहित्य की भूमिका	पं. हजारीप्रसाद द्विवेदी	वर्ष 1940 दूसरा महत्त्वपूर्ण प्रयास।
20. हिन्दी के निर्माता	डॉ. श्यामसुन्दर दास	वर्ष 1941 और अन्य भाषाओं के साहित्य का।
21. खड़ी बोली हिन्दी का इतिहास	ब्रज रत्न दास	वर्ष 1941 अध्ययन शामिल है।
22. हिन्दी भाषा और साहित्य का इतिहास	आचार्य चतुरसेन	वर्ष 1946 में प्रकाशित सर्वतोभावेन व्यापक अर्थों में प्रकाशित, परिपूर्ण हिन्दी साहित्य का इतिहास, सब विषयों को लिया है, भाषा और लिपि के प्रसंग भी हैं।
23. हिन्दी साहित्य का इतिहास	ब्रज रत्न दास	जिसमें जीवन चरित, इतिहास, भूगोल, विज्ञान।
24. हिन्दी साहित्य का गद्यकाल	पं. गणेश प्रसाद द्विवेदी	वर्ष 1935 में प्रकाशित देश-दर्शन, भाषा-शास्त्र, ललित कला।

कालों का नामकरण

साहित्येतिहासकारों द्वारा दिए गए भिन्न-भिन्न नामों के पश्चात् जो सर्वमान्य हैं, नाम हैं, वे निम्नलिखित हैं—

1. **आदिकाल** (1000-1350 ई.) हिन्दी साहित्येतिहास के विभिन्न कालों के नामकरण का प्रथम श्रेय जार्ज ग्रियर्सन को है। हिन्दी साहित्येतिहास के

आरम्भिक काल के नामकरण का प्रश्न विवादास्पद है। इस काल को ग्रियर्सन ने 'चारण काल', मिश्र बन्धु ने 'आरम्भिक काल', महावीर प्रसाद द्विवेदी ने 'बीज वपन काल', शुक्ल ने 'आ., वीर गाथाकाल', राहुल सांकृत्यायन ने 'सिद्ध-सामन्त काल', रामकुमार वर्मा ने 'सन्धिकाल' व 'चारण काल' तथा हजारीप्रसाद द्विवेदी ने 'आदिकाल' की संज्ञा दी है।

2. **भक्तिकाल** (1350-1650 ई.) इस काल को 'हिन्दी साहित्य का स्वर्ण काल' कहा जाता है। भक्ति काल के उदय के बारे में सबसे पहले जार्ज ग्रियर्सन ने मत व्यक्त किया। वे इसे 'ईसाइयत की देन' मानते हैं। ताराचन्द के अनुसार भक्ति काल का उदय 'अरबों की देन' है। भक्तिकाल को मिश्र बन्धु ने 'माध्यमिक काल', आचार्य रामचन्द्र शुक्ल, डॉ. राजकुमार वर्मा, हजारीप्रसाद द्विवेदी ने 'भक्तिकाल' तथा डॉ. गणपति चन्द्रगुप्त ने 'पूर्व मध्यकाल' कहा है।
3. **रीतिकाल** (1650-1850 ई.) इस काल को मिश्र बन्धु ने 'अलंकृत काल', आचार्य रामचन्द्र शुक्ल, डॉ. रामकुमार वर्मा, हजारीप्रसाद द्विवेदी ने 'रीतिकाल' तथा विश्वनाथ त्रिपाठी ने 'श्रृंगारकाल' कहा है।
4. **आधुनिक काल** (1850 ई. से अब तक) भारतेन्दु युग का नामकरण हिन्दी नवजागरण के अग्रदूत भारतेन्दु हरिश्चन्द्र के नाम पर किया गया है। उक्त नाम ही अब सभी जगह स्वीकार किए जाते हैं। इतिहास ग्रन्थों में इन्हीं का प्रयोग होता है। इस काल को मिश्र बन्धु ने 'वर्तमान काल', आचार्य रामचन्द्र शुक्ल ने 'गद्यकाल' तथा हजारीप्रसाद द्विवेदी ने 'आधुनिक काल' कहा है।

आदिकाल

1

हिन्दी साहित्येतिहास के प्रथम चरण को ही आदिकाल के नाम से जाना जाता है, जिसकी समय-सीमा 1000 ई. से 1350 ई. है।

इस चरण को आदिकाल नाम सर्वप्रथम आचार्य हजारीप्रसाद द्विवेदी के द्वारा प्रदान किया गया था।

आदिकाल के साहित्य में अपभ्रंश एवं हिन्दी भाषा के तत्त्व घुले-मिले थे। इस अपभ्रंश मिश्रित हिन्दी को विद्वानों द्वारा विविध नामों से पुकारा गया, यथा—

प्राकृतभास हिन्दी	आचार्य रामचन्द्र शुक्ल
पुरानी हिन्दी	चन्द्रधर शर्मा 'गुलेरी'
देसिल बयण	विद्यापति
विकसित अपभ्रंश	नगेन्द्र
परिष्कृत हिन्दी	आचार्य हजारीप्रसाद द्विवेदी
अवहट्ट	भोलाशंकर व्यास

आदिकाल का नामकरण : आदिकाल को विभिन्न नामों से पुकारा गया है, जो इस प्रकार है—

वीरगाथा काल	आचार्य रामचन्द्र शुक्ल
आदिकाल	आचार्य हजारीप्रसाद द्विवेदी
बीजवपन काल	महावीरप्रसाद द्विवेदी
सिद्ध सामन्त काल	राहुल सांकृत्यायन
सन्धि काल एवं चारण काल	रामकुमार वर्मा
आरम्भिक काल	मिश्रबन्धु
वीरकाल	विश्वनाथ प्रसाद मिश्र
वीरकाल/अपभ्रंश काल	श्यामसुन्दर दास
अपभ्रंश काल	चन्द्रधर शर्मा गुलेरी
चारण काल	ग्रियर्सन

आदिकालीन साहित्य में मुख्य रूप से दो शैलियों—डिंगल और पिंगल शैली का प्रयोग हुआ है।

अपभ्रंश मिश्रित राजस्थानी भाषा को डिंगल शैली के नाम से जाना जाता है।

इस शैली की रचनाओं में कठोर और कर्कश शब्दावली का प्रयाग किया गया है। अपभ्रंश मिश्रित ब्रजभाषा को पिंगल शैली कहा गया। इसमें कोमलकान्त पदावली का प्राय: अधिक प्रयोग देखने को मिलता है।

आदिकालीन साहित्य की विशेषताएँ

- विविध और परस्पर विरोधी काव्य प्रवृत्तियों का समाहार।
  रासो साहित्य
  नाथों, सिद्धों और जैन कवियों के धर्म सम्बन्धी साहित्य।
  लौकिक साहित्य (विद्यापति, खुसरो)
- सामंती जीवन मूल्यों की प्रबलता।
- रासो काव्य की बहुलता।
- भाषिक संक्रमण—अपभ्रंश से विकसित हो रही देशभाषा में साहित्य रचना। इसी कारण दोनों के भाषिक तत्त्व मौजूद हैं। क्रियापदों का रूप सामान्यत: अपभ्रंश से प्रभावित, जबकि परसर्गों के प्रयोग में हिन्दी भाषा की अपनी विशेषता उभर रही थी।

छन्दों की विविधता

नाथ, सिद्ध व जैन कवियों के यहाँ सामान्यत: दोहा व पदों का प्रयोग।

- रासो काव्य में तोटक, तोमर, पद्धरि आदि छन्दों का प्रयोग।
- विद्यापति पदों के प्रयोग में निपुण
- खुसरो के यहाँ दोहा, रोला और कुंडलियों का सफल प्रयोग।
- प्रबन्ध और मुक्तक दोनों काव्य-रूपों में साहित्य की उपलब्धता।

2

आदिकालीन साहित्य की प्रवृत्तियाँ

आदिकालीन साहित्य में प्रमुखत: तीन प्रकार की प्रवृत्तियाँ दिखाई देती हैं—

(1) वीरगाथात्मकता — रासो साहित्य

(2) धार्मिकता — सिद्ध नाथ और जैन साहित्य

(3) लौकिक साहित्य अमीर खुसरो, विद्यापति, धनपाल आदि की रचनाएँ।

रासो शब्द की व्युत्पत्ति विविध विद्वानों द्वारा अलग-अलग शब्दों से मानी गई है—

- रामचन्द्र शुक्ल 'रसायण' शब्द से
  बीसलदेव रासो के एक छन्द में उल्लिखित रसायण शब्द को अपने मत का आधार बनाया है।
- हजारीप्रसाद द्विवेदी अब्दुर्रहमान के 'सन्देश रासक' को आधार बनाकर 'रासक' शब्द से रासो की उत्पत्ति बताया।
  रासक रासअ रासा रासो
- गार्सा द तासी राजसू या राजसूय शब्द से

प्रमुख विशेषताएँ

- चारण या भाट कवियों द्वारा लिखे गए प्रशस्ति प्रधान चरित काव्य हैं। इसमें अपने आश्रयदाताओं की अतिशयोक्तिपूर्ण प्रशंसा!
- ऐतिहासिकता की पटभूमि पर वीरता और श्रृंगार का चित्रण है। हालाँकि अतिशयोक्ति पूर्ण वर्णनों के कारण इतिहास के तथ्यों व प्रमाणों का अभाव तथा कल्पना की अधिकता।
- वीर और श्रृंगार रस की एक साथ उपस्थिति है, फिर भी प्रधान रस वीर रस ही है।
- तत्कालीन समय के सामंती जीवन झलक इन रचनाओं में दिखाई देती है।
- सामंती जीवन मूल्यों की प्रबलता के कारण चारण कवियों की संकुचित राष्ट्रीय भावना दिखाई देता है। जन समृद्धि से कटा साहित्य।
- युद्धों का सजीव वर्णन मिलता है।
- रासो साहित्य में डिंगल और पिंगल दोनों शैलियों में रचनाएँ मिलती हैं।
- विविध प्रकार के छन्दों (छप्पय, तोतक, तोमर, पद्धरि) का प्रयोग।
- काव्य रूप में प्रबन्ध काव्य को वरीयता।

रचनाएँ

(1168 ई.-1225 सं.)	(1) पृथ्वीराज रासो	-	चन्दबरदाई
(1155 ई.-1212 सं.)	(2) बीसलदेव ,,	-	नरपति नाल्ह
(1173 ई.-1230 सं.)	(3) परमाल ,,	-	जगनिक
(1357 ई.-1414 सं.)	(4) हम्मीर ,,	-	शार्गंधर

(9वीं शताब्दी)	(5) खुमाण " -	दलपति विजय
(16वीं शताब्दी)	(6) विजय पाल " -	नल्लसिंह भाट

रामचन्द्र शुक्ल के अनुसार 'पृथ्वीराज रासो' हिन्दी साहित्य का प्रथम महाकाव्य है तथा चन्दबरदाई पहले महाकवि हैं।

पृथ्वीराज रासो में अजमेर के राजा पृथ्वीराज चौहान एवं कन्नौज के राजा जयचन्द की पुत्री संयोगिता के प्रेम-विवाह की मुख्य कथा के साथ-साथ पृथ्वीराज चौहान द्वारा लड़े गए अनेक युद्धों की कथा का वर्णन किया गया है।

- पृथ्वीराज रासो में लिखे गए 16306 पदों की रचना के लिए कुल 68 प्रकार के छन्दों का प्रयोग किया गया है। इसमें भी छप्पय छन्द का प्रयोग हुआ है।
- पृथ्वीराज रासो को 69 समय में विभाजित किया गया है।
- पृथ्वीराज रासो की सर्वप्रथम जानकारी कर्नल टॉड की पुस्तक Annals and Antiquity of Rajasthan में दी गई थी।
- आचार्य शुक्ल, डॉ. नगेन्द्र और हरप्रसाद शास्त्री के अनुसार पृथ्वीराज रासो का उत्तरार्द्ध भाग चन्दबरदाई के पुत्र जल्हण द्वारा रचित है।
- हजारीप्रसाद द्विवेदी ने पृथ्वीराज रासो को अर्द्ध प्रामाणिक रचना मानते हुए शुक-शुकी संवाद कहकर पुकारा है।
- डॉ. नगेन्द्र ने पृथ्वीराज रासो को 'घटना कोष' मात्र कहा है।
- श्यामसुन्दर दास ने पृथ्वीराज रासो को 'विशाल वीर काव्य' कहा है।
- डॉ. बच्चन सिंह ने इसे 'राजनीति की महाकाव्यात्मक त्रासदी' कहा है।
- 'बीसलदेव रासो' में अजमेर के चौहान राजा बीसलदेव तृतीय (विग्रहराज चतुर्थ) तथा मालवा के राजा भोज परमार की पुत्री राजमती के विवाह वियोग और पुनर्मिलन की कथा का वर्णन है।
- बीसलदेव रासो विशुद्ध रूप से शृंगार प्रधान रचना है। वियोग शृंगार की प्रधानता।
- हिन्दी साहित्य में बारहमासा वियोग वर्णन की परम्परा इसी रचना से शुरू हुई मानी जाती है।
- परमाल रासो में कालिंजर के चन्देल वंशीय शासक परमर्दीदेव के दो सामन्तों आल्हा एवं ऊदल की वीरता का वर्णन मिलता है।
- हजारीप्रसाद द्विवेदी ने इसे भी अर्द्ध प्रामाणिक रचना कहा है।
- इस रचना के पदों का सर्वप्रथम प्रकाशन 1865 ई. में फर्रुखाबाद (उ.प्र.) के तत्कालीन कलेक्टर चार्ल्स इलिएट के द्वारा 'आल्ह खंड' नाम से करवाया गया था।
- हम्मीर रासो नामक रचना का मूल रूप वर्तमान में उपलब्ध नहीं है।

'प्राकृत पैंगलग' (लक्ष्मीधर) में इस रचना के कुछ पद प्राप्त होते हैं।

- खुमान रासो में चित्तौड़ के रावल खुमान एवं बगदाद के खलीफा अलमामू के मध्य हुए 24 युद्धों का वर्णन है।
- मिश्रबन्धु तथा मोतीलाल मनेरिया ने 17वीं शताब्दी को इसका रचनाकाल बताया है।
- विजयपाल रासो रचना मूलतः अपभ्रंश में ही रचित है। इसी कारण कुछ विद्वान हिन्दी साहित्य में इसे स्थान नहीं देते हैं।

धर्म सम्बन्धी काव्य

(क) जैन साहित्य
(ख) सिद्ध साहित्य
(ग) नाथ साहित्य

(क) जैन साहित्य

- 12वीं-13वीं शताब्दी में पश्चिमोत्तर भारत में जैन धर्म के अनुयायियों द्वारा अपनी धार्मिक शिक्षा का प्रचार-प्रसार करने के लिए लोकभाषा में साहित्य रचा गया।
- जैन साहित्य को रास साहित्य भी कहा जाता है।

जैन मतावलम्बी रचनाएँ दो प्रकार की हैं :

1. नाथों-सिद्धों की तरह अन्तस्साधना, उपदेश, नीति, सदाचार पर बल देनेवाली तथा कर्मकांड का खंडन करनेवाली रचनाएँ। जैसे देवसेन की 'श्रावकाचार'। ये मुक्तक हैं तथा दोहों में रचित हैं।
2. दूसरे प्रकार की रचनाएँ वे हैं जिनमें पौराणिक जैन साधकों के जीवन या लोक प्रचलित कथाओं को आधार बनाकर जैन मत का प्रचार किया गया है।

   जैन पौराणिक काव्य तथा चरित काव्यों को इसी श्रेणी में रखा जाता है।

   उदाहरण—

भरतेश्वर बाहुबलि रास	-	शालिभद्र सूरि
स्थूलिभद्र रास	-	जिनिधर्म सूरि
चन्दनबाला रास	-	कवि आसगु

जैन साहित्य एवं अन्य रचनाएँ—

पंचपाण्डव चरित रास	शालिभद्र सूरि
बुद्धिरास	
रेवंत गिरि रास	विजयसेन सूरि
उपदेश रसायन रास	जिनीप्त सूरि
कुमारपाल प्रतिबोध	सोमप्रथ सूरि
प्रबन्ध चिन्तामणि	आचार्य मेरुतुंग

(ख) सिद्ध साहित्य

- बौद्ध धर्म के वज्रयान तत्त्व का प्रचार करने के लिए जो साहित्य जन-भाषा में लिखा गया वह हिन्दी के सिद्ध साहित्य की सीमा में आता है।
- 12वीं, 13वीं और 14वीं शताब्दी में पूर्वी भारत में सिद्ध साहित्य की रचना हुई।
- राहुल सांकृत्यायन ने सिद्धों की संख्या 84 बताई है। अभी तक 14 सिद्धों की रचनाएँ उपलब्ध हैं।
- सिद्धों द्वारा अपनी साधनावस्था में ईश्वर भक्ति के जो पद रचे गए उनको 'चर्यापद' के नाम से पुकारा जाता है।
- मुनि अइयवज्र एवं मुनिदत्त सूरि ने सिद्धों के द्वारा प्रयुक्त भाषा को 'सन्ध्या/संधा भाषा' के नाम से पुकारा है।
- संधा/सन्ध्या का शाब्दिक अर्थ है कुछ स्पष्ट तथा कुछ अस्पष्ट। वस्तुतः संधा भाषा अन्तर्साधनात्मक अनुभूतियों का संकेत करनेवाली भाषा है।
- बौद्ध परम्परा से सम्बन्धित होने के कारण सिद्धों की रचनाओं में वैदिक मान्यताओं तथा वर्णाश्रम व्यवस्था इत्यादि का तीव्र खंडन मिलता है। साथ ही नैरात्म्य भावना, सहज शून्य की साधना और कायायोग का वर्णन भी उनकी रचनाओं में उपलब्ध है।
- सिद्धों ने आडम्बर का विरोध किया है और शून्य पर आधारित साधना का समर्थन किया है।
- गुरु का महत्त्व भी इनके यहाँ है।
- साधना मार्ग के रूप में सिद्धों ने 'पंचमकार' पद्धति (मत्स्य, मदिरा, मांस, मुद्रा, मैथुन) को स्वीकार किया है। साधना का यह मार्ग भोगवाद को बढ़ावा देता है।
- सिद्धों का सारा साहित्य मुक्तक रूप में है जो मुख्यतः 'चर्यापद' तथा 'दोहाकोष' के रूप में संकलित है। दोहा, सोरठा, रोला जैसे विविध छन्दों

का प्रयोग किया गया है।

- सरहपा सिद्ध साहित्य के प्रमुख कवि हैं, जिन्हें हिन्दी का भी पहला कवि माना जाता है।
- सरहपा द्वारा 32 ग्रन्थों की रचना की गई है जिनमें 'दोहाकोश' प्रामाणिक रूप से हिन्दी की रचनाओं में प्रसिद्ध है।
- 'दोहाकोश' का सर्वप्रथम सम्पादन राहुल सांकृत्यायन द्वारा किया गया।
- अन्य प्रमुख सिद्ध रचनाकारों में डोभिपा, कण्हपा, शबरपा, कुक्कुरिपा आदि की गणना की जाती है।

(ग) नाथ साहित्य

- 12वीं-14वीं शताब्दी के मध्य भगवान शिव को माननेवाले अनुयायियों द्वारा शैव मत का प्रचार करने के लिए जन भाषा में साहित्य रचा गया।
- राहुल सांकृत्यायन के अनुसार सिद्ध सम्प्रदाय का विकसित रूप नाथ मत के नाम से प्रसिद्ध हुआ एवं नाथ मत का विकसित रूप संत मत के नाम से।
- हजारीप्रसाद द्विवेदी ने नाथ मत को सिद्ध मत, सिद्ध मार्ग, भोग मार्ग, योग सम्प्रदाय, अवधूत मत इत्यादि नामों से पुकारा है।
- नाथ सम्प्रदाय के अन्तर्गत मुख्यत: 9 नाथ प्रसिद्ध हुए, जिनमें प्रमुख है—गोरखनाथ, चर्पटनाथ, जलंधरनाथ, मत्स्येन्द्रनाथ आदि।
- नाथ साहित्य का संवेदना पक्ष उनकी साम्प्रदायिक मान्यताओं से ओत-प्रोत है।
- मुक्ति के लिए इन्द्रिय-निग्रह या संयम की आवश्यकता पर बल दिया है।
- नाथ साहित्य में परम आध्यात्मिक सत्य तक पहुँचने के लिए ब्रह्मचर्य, वाक् संयम, शारीरिक-मानसिक शुचिता, मद्य-मांस के त्याग पर बल दिया गया है।
- नाथों के यहाँ विशेष प्रकार की साधना पद्धति पर बल दिया गया है, जिसे 'हठयोग' कहते हैं।
- बाह्याडम्बरों का विरोध, वर्ण-व्यवस्था पर चोट तथा गुरु की महिमा आदि संवेदनागत विशेषताएँ नाथ साहित्य में मौजूद हैं।
- नाथों के यहाँ भी संधा भाषा तथा उलटबाँसी शैली का प्रयोग मिलता है।
- गोरखनाथ नाथ साहित्य के आरम्भकर्ता माने जाते हैं।
- गोरखनाथ के ग्रन्थों की संख्या चालीस मानी जाती है, किन्तु पीताम्बरदत्त बड़थ्वाल ने केवल 14 रचनाएँ ही उनके द्वारा रचित मानी हैं। उन्होंने 'गोरखबानी' नाम से उनकी 13 रचनाओं का संकलन भी सम्पादित किया है।

लौकिक साहित्य

इसके अन्तर्गत विद्यापति, अमीर खुसरो जैसे कवियों की रचना की गणना की जाती है।

(i) कीर्तिलता - 1380 ई.
(ii) कीर्तिपताका - 1403 ई.
(iii) पदावली - 1403 ई.

'पदावली' की रचना में मैथिली भाषा का अत्यधिक सुन्दर प्रयोग होने के कारण विद्यापति को 'मैथिली कोकिल' कहा जाता है।

विद्यापति की पदावली में राधा-कृष्ण की प्रेमलीलाओं को विषय बनाया गया है। इसी कारण कृष्ण को काव्य का विषय बनानेवाले हिन्दी के प्रथम कवि विद्यापति ही माने जाते हैं।

पदावली की रचना में जयदेव के 'गीतगोविन्द' की रचना शैली का प्रभाव दिखाई देने के कारण विद्यापति को 'अभिनव जयदेव' भी कहा जाता है।

'कीर्तिलता' और 'कीर्तिपताका' की रचना में विद्यापति ने 'अवहट्ट' भाषा का प्रयोग किया।

'कीर्तिलता' में विद्यापति ने अपने आश्रयदाता कीर्ति सिंह की उदारता, दानशीलता और वीरता को विषय बनाया है।

कीर्तिलता को हजारीप्रसाद द्विवेदी ने 'भृंग-भृंगी संवाद' कहा है।

'कीर्तिपताका' में विद्यापति राजा शिवसिंह को काव्य विषय बनाया है।

समीक्षकों के अनुसार विद्यापति शैव मतानुयायी थे। उन्होंने भगवान शिव की स्तुति में भी कुछ पद लिखे हैं, जिन्हें हिन्दी साहित्य में 'नचारी' कहा जाता है।

अमीर खुसरो (1255-1324 ई.)

वास्तविक नाम अबुल हसन था।

इन्हें 'तुर्क-ए-अल्लाह', 'तूती-ए-हिन्द' तथा 'सुखरो सुखन' जैसी उपाधियाँ दी गई हैं।

प्रमुख रचनाएँ

खालिकबारी
नूह सिपहर
दो सुखन
मुकरियाँ, गजल, पहेलियाँ

नजराना-ए-हिन्दी

हालात-ए-कन्हैया

खुसरो हिन्दी साहित्य में खड़ी बोली का प्रयोग करनेवाले प्रथम कवि माने जाते हैं।

डॉ. रामकुमार वर्मा इन्हें अवधी का भी प्रथम कवि मानते हैं।

अवधी और ब्रज का मिश्रण प्रयोग करनेवाले प्रथम कवि।

खालिकबारी एक शब्दकोशीय रचना है, जिसमें हिन्दी, अरबी, तुर्की और फारसी इन चार भाषाओं के शब्दों का प्रयोग किया गया है।

'नूह सिपहर' में भारत में बोली जानेवाली बोलियों का वर्णन है।

अमीर खुसरो हिन्दू-इस्लामी समन्वित संस्कृति के प्रतिनिधि कवि माने गए हैं।

अन्य लौकिक रचनाएँ

- ढोला मारू रा दूहा — कल्लोल और कुशल लाभ
- जयचन्द प्रकाश — भट्ट केदार
- जयमयंक जसचन्द्रिका — मधुकर कवि
- रणमल छन्द — श्रीधर व्यास
- राउलवेल — रोड़ा कवि

10वीं शताब्दी की यह कृति हिन्दी साहित्य की प्रथम गद्य-पद्य मिश्रित कृति है।

चम्पू काव्य

यह रचना सर्वप्रथम प्रस्तर शिलाओं पर लिखी गई। हिन्दी में नख-शिख वर्णन की परम्परा सर्वप्रथम इसी ग्रन्थ में।

उक्ति-व्यक्ति प्रकरण — दामोदर पंडित

वर्ण रत्नाकर — ज्योर्तिरीश्वर ठाकुर

इसे मैथिली का विश्वकोश भी कहा जाता है।

हिन्दी भाषा के प्रथम कवि

अलग-अलग विद्वानों ने अलग-अलग मत दिए हैं, जो इस प्रकार हैं—

शिवसिंह सेंगर के अनुसार	पुण्य या पुण्ड
रामकुमार वर्मा ” ”	स्वयंभू
गणपतिचन्द्र गुप्त ” ”	शालिभद्र सूरि

हजारीप्रसाद	'' ''	अब्दुल रहमान	
राहुल सांकृत्यायन	'' ''	सरहपा	
बच्चन सिंह	'' ''	विद्यापति	
चन्द्रधर शर्मा गुलेरी	'' ''		राजा मुंज
रामचन्द्र शुक्ल	'' ''	प्रथम कवि	राजा मुंज
		प्रथम महाकवि	चन्दबरदाई

सर्वमान्यता के अनुसार सरहपा या सरहपाद को हिन्दी भाषा का प्रथम कवि माना जाता है।

आदिकाल के प्रमुख रचनाकार एवं रचनाएँ

रचनाकार	रचनाएँ	रचनाकाल	विषय
दलपति विजय	खुमान रासो	नवीं शती	चित्तौड़ नरेश खुमान की वीरता का वर्णन है।
रोड कवि	राउलवेल	दसवीं शती	गद्य-पद्य मिश्रित चम्पू काव्य, नायिका राउलवेल के नख-शिख सौन्दर्य का शृंगारिक वर्णन है।
नल्हसिंह भाट	विजयपाल रासो (अप्राप्त)	ग्यारहवीं शती	विजयगढ़ के शासक विजयपाल के शौर्य एवं पराक्रम का वर्णन है।
चन्दबरदाई	पृथ्वीराज रासो	बारहवीं शती	पृथ्वीराज चौहान की वीरता का वर्णन है।
नरपति नाल्ह	बीसलदेव रासो	बारहवीं शती	लौकिक विरह सन्देश काव्य, अजमेर के चौहान राजा बीसलदेव तथा रानी राजमती के प्रेम और विरह का वर्णन है।
भट्ट केदार	जयचन्द प्रकाश (अप्राप्त)	बारहवीं शती	महाराज जयचन्द की वीरता का वर्णन है।
मधुकर	जयमयंक जसचन्द्रिका (अप्राप्त)	बारहवीं शती	महाराज जयचन्द के पराक्रम का वर्णन है।
दामोदर शर्मा	उक्ति-व्यक्ति-प्रकरण	बारहवीं शती	गद्य-पद्य मिश्रित व्याकरण ग्रन्थ
जगनिक	परमाल रासो (आल्हाखंड)	तेरहवीं शती	महोबा के राजा परमालदेव के सामन्त आल्हा और

			ऊदल की वीरता का वर्णन है।
अब्दुर्रहमान	सन्देश रासकी	तेरहवीं शती	यह तीन क्रमों में विभाजित 223 छंदों का सन्देश काव्य है।
अमीर खुसरो	खालिकबारी	तेरहवीं शती	हिन्दी-फ़ारसी शब्दकोश
	नूह सिपिहर	तेरहवीं शती	भारतीय बोलियों का वर्णन
	पहेलियाँ,	तेरहवीं शती	लोकरंजक और शिक्षाप्रद
	मुकरियाँ, दो सखुनें आवाज़—ए-खुसरवी	तेरहवीं शती	संगीत प्रधान है।
अज्ञात कवि	वसंत विलास	तेरहवीं-चौदहवीं शती के मध्य	शृंगारपरक सरस ब्रजभाषा काव्य जिसमें स्त्रियों पर वसंत के प्रभाव का वर्णन है।
विद्यापति	पदावली	चौदहवीं शती	राधा-कृष्ण के लौकिक प्रेम का वर्णन है।
	कीर्तिलता	चौदहवीं शती	ऐतिहासिक महत्त्व का प्रबन्ध-काव्य, इसमें कीर्ति सिंह की वीरता का वर्णन है।
	कीर्तिपताका	चौदहवीं शती	अभी तक सूचना मात्र है।
ज्योतिरीश्वर ठाकुर	वर्ण रत्नाकर	चौदहवीं शती	हिन्दू दरबार और भारतीय जीवन पद्धति का चित्रण है।
कुशलराय वाचक	ढोला मारू-रा-दूहा	पन्द्रहवीं शती	लौकिक विरह सन्देश—काव्य (मुख्यत: यह 11वीं सदी) (कवि कल्लोत की रचना है। इसमें कुशलराय वाचक ने कुछ चौपाइयाँ जोड़कर इसका विस्तार किया)
स्वयंभू	पउमचरिउ		रामकथा महाकाव्य

भक्तिकाल
(1400 ई. - 1700 ई.)

हिन्दी साहित्येतिहास के विकास के दूसरे चरण को भक्तिकाल नाम से जाना जाता है।

भक्ति को काव्य मूल और जीवन मूल्य के रूप में स्थापित करने के कारण ही पूर्व मध्यकाल को भक्तिकाल कहा गया।

इस काल में आध्यात्मिकता एवं ज्ञानचेतना से युक्त उच्चकोटि का काव्य-साहित्य रचा गया था, इसी कारण ग्रियर्सन ने भक्तिकाल को 'हिन्दी साहित्य का स्वर्णकाल' कहकर पुकारा।

भक्ति शब्द का सर्वप्रथम उल्लेख 'श्वेताश्वेतर उपनिषद में मिलता है।

भक्ति शब्द मूलत: 'भज' धातु में 'क्तिन' प्रत्यय के जोड़ने से बना है जिसका शाब्दिक अर्थ 'अपने आराध्य/उपास्य' ईश्वर के कार्यों में भाग लेना।

रामचन्द्र शुक्ल के अनुसार भक्ति साहित्य के उदय का कारण 'मुस्लिम शासकों के उत्पीड़न की प्रतिक्रिया या इस्लाम का प्रभाव' है।

हजारीप्रसाद द्विवेदी ने भक्तिकाल के उदय को 'भारतीय चिन्ताधारा का स्वाभाविक विकास' कहकर व्याख्यायित किया है।

जॉर्ज ग्रियर्सन, (ईसाइयत की देन) आबिद हुसैन तथा ताराचन्द (अरबों की देन) ने भक्ति आन्दोलन के उद्‌भव को विदेशी प्रभाव के रूप में देखा है।

भक्ति आन्दोलन के उद्‌भव की मार्क्सवादी व्याख्या इरफान हबीब और के. दामोदरन ने प्रस्तावित किया, जिसके अनुसार दिल्ली सल्तनत के अन्तर्गत निम्न वर्णों की आर्थिक स्थिति में अचानक हुए सुधार को भक्ति आन्दोलन के उदय का कारण माना गया है।

14वीं शताब्दी में आन्दोलन की शक्ल लेने के पूर्व 7वीं-8वीं शताब्दी में सुदूर दक्षिण में, 12वीं शताब्दी में कर्नाटक तथा 13वीं-14वीं शताब्दी में महाराष्ट्र व गुजरात में भक्ति का प्रचलन दिखाई देता है।

भारत के विविध भागों में भक्ति आन्दोलन को फैलानेवाले विद्वान/संस्था :

- दक्षिण भारत—आलवार और नयनार

आलवार—ये मूलतः वैष्णव भक्त माने गए हैं। इनकी कुल संख्या 12 मानी जाती है। जिसमें एक महिला (अंदाल या आंडाल) भी थी।

नयनार—ये मूलतः शैव भक्त थे।

आलवारों द्वारा रचित तमिल भाषा के पदों को रंगनाथ मुनि के द्वारा 'दिव्य प्रबन्धम' नाम से चार खंडों में संकलित किया गया है।

- महाराष्ट्र—वारकरी सम्प्रदाय

इस सम्प्रदाय की स्थापना संत पुंडरीक द्वारा की गई थी।

इस सम्प्रदाय के विकास में चार विद्वानों का प्रमुख योगदान माना जाता है—संत ज्ञानदेव, ज्ञानेश्वर, संत नामदेव (बिठोवा का भक्त), संत एकनाथ, संत तुकाराम।

- गुजरात—नरसी मेहता

उत्तर भारत	स्वामी रामानन्द व वल्लभाचार्य
बंगाल	चैतन्य महाप्रभु
असम	आचार्य शंकरदेव
उड़ीसा	पंचसखा
1. बलरामदास	2. अनंतदास
3. यशोवन्त दास	4. जगन्नाथ दास
5. अच्युतानन्द दास	

भक्तिकालीन साहित्य

1. निर्गुण काव्यधारा

(i) संत काव्यधारा/ज्ञानाश्रयी काव्यधारा

(ii) सूफी/प्रेमाश्रयी काव्यधारा

2. सगुण काव्यधारा

(i) कृष्णाश्रयी काव्यधारा

(ii) रामाश्रयी काव्यधारा

(i) निर्गुण ज्ञानाश्रयी या संत काव्यधारा : रामचन्द्र शुक्ल ने इसे ज्ञानाश्रयी तो रामकुमार वर्मा ने संत काव्यधारा कहा है।

भारत में संत मत की स्थापना सर्वप्रथम 1267 ई. में पंढरपुर (महाराष्ट्र) में संत नामदेव द्वारा की गई थी।

संतमत बहुत से दर्शनों से प्रभावित है—शंकर का अद्वैतवाद, नाथों का हठयोग, सूफियों का तसव्वुफ़ और वैष्णवों का प्रपत्तिवाद प्रमुख प्रभाव के रूप में स्वीकार किया गया है।

विशेषताएँ

- निर्गुण, निराकार व अमूर्त ब्रह्म की उपासना।
- सतगुरु का महत्त्व।
- शास्त्र ज्ञान की अप्रामाणिकता तथा अनुभूति की प्रामाणिकता पर बल।
- सामाजिक असमानताओं, आडम्बरों, साम्प्रदायिकता इत्यादि का विरोध। सामाजिक प्रेमभावना को महत्त्व।
- माया का विरोध
- साधनात्मक रहस्यवाद की प्रधानता के साथ-साथ सूफियों के भावनात्मक रहस्यवाद का प्रभाव।
- मुक्तकों की प्रधानता।
- सधुक्कड़ी भाषा—यानी विविध भाषाओं के शब्दों का प्रयोग। इसीलिए इस भाषा को पंचमेल खिचड़ी भी कहा गया।

हठयोग के प्रभाव के कारण भाषा में उलटबाँसियों का प्रयोग!

प्रमुख कवि

कबीरदास (1398 ई./1455 वि.-1518 ई./1575 वि.)

- कबीर की वाणियों का संग्रह इनके शिष्य धर्मदास द्वारा 'बीजक' नाम से किया गया है।
  बीजक के तीन भाग हैं—साखी, सबद और रमैनी।
- 'रमैनी' और 'सबद' में गेयपद हैं। इसकी भाषा ब्रजभाषा के निकट है।
- साखी दोहों में है। इसमें पूर्वी प्रयोग अधिक है।
- कबीर सिकन्दर लोदी के समकालीन कवि माने जाते हैं।

दादूदयाल (1544 ई. से 1603 ई.)

अहमदाबाद में जन्म।

रचनाएँ

(1) हरड़े वाणी (इसका संकलन इनके शिष्यों—संतदास व जगन्नाथ दास द्वारा किया गया है)
(2) अंगवधू (संकलन इनके शिष्य रज्जब द्वारा)
(3) दादूदयाल (इनकी रचनाओं का सबसे प्रामाणिक संकलन है। संकलनकर्ता परशुराम चतुर्वेदी)

- दादूदयाल द्वारा परब्रह्म सम्प्रदाय (दादूपंथ) की स्थापना की गई थी।

सुन्दरदास (1596 ई.-1689 ई.)

दौसा (राजस्थान)।
'ज्ञान समुन्द्र', 'सुन्दर विलास' प्रमुख रचनाएँ।
दादूदयाल के शिष्य थे।
संत कवियों में ये शृंगार रस के घोर विरोधी संत माने जाते हैं।
फतेहपुर सीकरी इनकी साधना स्थली।

मलूकदास (1574 ई.-1682 ई.)

कड़ा-इलाहाबाद (यू.पी.)
ज्ञान बोध, रतन खान, भक्ति विवेक, सुखसागर प्रमुख रचनाएँ हैं।

रैदास (15वीं शताब्दी)

इनके कुछ पद 'गुरु ग्रन्थ साहिब' में संकलित हैं।
कई स्थानों पर मीराबाई ने इन्हें अपना गुरु माना है।
ये स्वामी रामानन्द के शिष्य माने जाते हैं।
ये अवर्ण समूह के अन्तर्गत चमार जाति के कवि माने जाते हैं।

गुरुनानक (1469 ई.-1538 ई.)

तलवंडी, पाकिस्तान, वर्तमान में ननकाना साहब नाम से प्रसिद्ध।
जपुजी, असा दी पार, रहीराज, सोहिला व वसीहतनामा इनके प्रमुख ग्रन्थ हैं!
सिक्ख धर्म के प्रवर्तक।

कबीर — रैदास — नानक — दादू — सुन्दर — मलूक संत कवियों का कालक्रम

(ii) निर्गुण प्रेमाश्रयी/सूफी काव्यधारा : इसके अन्तर्गत मुख्यतः सूफी कवियों द्वारा प्रेम को प्रधान विषय बनाकर ईश्वर की उपासना की गई।

समकालीन समीक्षक इस काव्यधारा को 'प्रेमाख्यानक काव्य' या 'रोमांचक आख्यान काव्य' कहना ज्यादा बेहतर मानते हैं।

सूफी शब्द की उत्पत्ति : विभिन्न विद्वानों द्वारा सूफी शब्द की व्युत्पत्तिमूलक व्याख्या भिन्न-भिन्न दृष्टियों से की है, यथा—

'सफ' शब्द से—सफ का अर्थ है ऊन या ऊनी कपड़ा। आरम्भिक सूफी साधक ऊन के कपड़े धारण करते थे। इसी कारण उन्हें सूफी कहा गया।

'सफा' शब्द से—इसका अर्थ है पवित्रता या शुद्धि की अवस्था। आचरण की पवित्रता या शुद्धता वाले लोगों को सूफी कहा गया।

कुछ विद्वानों के अनुसार मो. पैगम्बर द्वारा मदीना की मस्जिद के बाहर 'सफा' अर्थात मक्का की पहाड़ी पर जिन लोगों ने शरण ली वही आगे चलकर सूफी कहलाए।

तसव्वुफ को माननेवाले साधकों को सूफी कहा गया।

विशेषताएँ

सूफी दर्शन या तसव्वुफ का आधार।

- मानवीय प्रेम को जीवन के आधारभूत मूल्य के रूप में स्थापित करना।
- पारम्परिक इस्लाम के ढाँचे में भारतीय वेदान्त की मान्यताओं के समन्वय, भारतीय लोककथाओं के माध्यम से सूफी दर्शन की अभिव्यक्ति, अरबी लिपि के साथ अवधी भाषा का समन्वय तथा भारत में प्रचलित प्रबन्ध परम्परा को मसनवी शैली से जोड़ने के कारण सूफियों ने सांस्कृतिक समन्वय का सूत्रपात किया।
- हिन्दू समाज में प्रचलित लोककथाओं का प्रतीकात्मक चित्रण।
- भावनात्मक रहस्यवाद की प्रधानता।
- प्रकृति का रागात्मक चित्रण।
- विरह का अतिशयोक्तिपूर्ण वर्णन।
- गुरु की प्रतिष्ठा।
- प्रेमाख्यानक काव्य प्रबन्धात्मक हैं, जिनकी शैली को आचार्य शुक्ल ने मसनवी कहा है।
- इस काव्यधारा की भाषा ठेठ अवधी है।

- मुख्यत: दोहा और चौपाई छन्दों का प्रयोग है। प्राय: पाँच या सात चौपाई के बाद एक दोहा छन्द की पद्धति को अपनाया गया है।

सूफी काव्यधारा के प्रथम कवि

रामचन्द्र शुक्ल के अनुसार	कुतुबन (मृगावती)
नगेन्द्र ,, ,,	असाइत (हंसावली)
गणपति चन्द्र गुप्त ,, ,,	,, ,,
हजारीप्रसाद ,, ,,	ईश्वर दास (सत्यवती कथा)
रामकुमार वर्मा ,, ,,	मुल्ला दाउद (चन्दायन)
	सर्वमान्यतानुसार प्रथम सूफी कवि।

भारत में सूफी साधना पद्धति का आगमन 12वीं शताब्दी में हुआ।

सम्प्रदाय	प्रवर्तक	काल
चिश्ती सम्प्रदाय	ख्वाजा मुईनुद्दीन चिश्ती	(12वीं शताब्दी)
सुहरावर्दी ,,	शहाबुद्दीन सुहरावर्दी	(13वीं शताब्दी)
कादरी ,,	अब्दुल कादिर जिलानी	(15वीं शताब्दी)
नक्शबन्दी ,,	ख्वाजा अलादीन नक्शबन्द	(16वीं शताब्दी)

संत परम्परा के विपरीत सूफी साधना पद्धति में परमेश्वर को स्त्री तथा साधक को पुरुष माना गया है।

समासोक्ति अलंकार सूफियों का सबसे प्रिय अलंकार माना गया है।

सूफी साहित्य में राबिया नामक कवयित्री भी हुई हैं।

प्रमुख कवि

मलिक मोहम्मद जायसी (1492 ई.-1542 ई.)

जायस (उ.प्र.)

रचनाएँ

(1) पद्मावत, (2) अखरावट, (3) आखिरी कलाम, चित्ररेखा, (5) कहरानामा तथा (6) मसलानामा।

पद्मावत का रचनाकाल 1540 ई./947 हिजरी है।

पद्मावत में चित्तौड़ के राजा रतनसेन एवं सिंहल द्वीप की राजकुमारी के प्रेम एवं विवाह की कथा का वर्णन है।

पद्मावत को 57 खंडों में विभाजित किया गया है।

अखरावट में वर्णमाला के प्रत्येक अक्षर को लेकर सूफी मत के सिद्धान्तों का वर्णन किया गया है।

आखिरी कलाम में कयामत के दिन उत्पन्न होनेवाली स्थिति का वर्णन है।

असाइत : 'हंसावली' (1370 ई.)

'चन्दायन' मुल्ला दाऊद (1379 ई.)

लोरिक और चन्दा की प्रेमकथा।

इसे पूर्वी भारत में 'लोरकहा' या 'लोरकथा' के नाम से जाना जाता है।

'सत्यवती कथा' : ईश्वरदास (1501 ई.)

- 'मृगावती' —कुतुबन (1503 ई.)
- 'माधवानल कामकन्दला —गणपति (1527 ई.)
- 'मधुमालती' —मंझन (1545 ई.)
- 'चित्रावली' —उसमान (1613 ई.)
- 'इन्द्रावती' व 'अनुराग बाँसुरी' —नूर मुहम्मद
  आचार्य शुक्ल के अनुसार सूफी काव्यधारा की अन्तिम रचना।
  रचनाकाल 1744 ई. है।
- नूर मुहम्मद की रचनाओं में चौपाई के बाद दोहा छन्द की बजाय बरवै छन्द का प्रयोग है।
- 'ज्ञानदीप' — शेख नवी (1619 ई.)
- हंस जवाहिर — कासिम शाह (1736 ई.)

(2) सगुण भक्ति काव्यधारा

ईश्वर को सगुण और साकार रूप को आराध्य मानकर काव्य की रचना करनेवाली धारा।

सगुण काव्यधारा के दो उपभेद हैं—

(i) कृष्ण भक्ति काव्यधारा : विष्णु के अवतार कृष्ण को आराध्य बनाकर काव्य रचना करनेवाली धारा है।
श्रीमद्भागवत् पुराण को इस धारण का प्रमुख उपजीव्य ग्रन्थ माना जाता है।

विशेषताएँ

- शुद्धाद्वैतवाद तथा पुष्टि मार्ग का प्रभाव।
- कृष्ण के लोकरंजक स्वरूप तथा माधुर्यपूर्ण लीलाओं का चित्रण।
- वात्सल्य का विग्रह चित्रण तथा प्रेम की विराट कल्पना।
- 'भ्रमरगीत परम्परा' में मौलिक उद्‌भावनाएँ। (सगुण-निर्गुण तथा ज्ञान-भक्ति का द्वंद्व)
- युग जीवन से कम सम्बन्ध। इसी कारण शुक्ल ने इस धारा के कवियों को 'लोकमंगल की सिद्धावस्था' का कवि कहा है।
- प्रकृति से रागात्मक सम्बन्ध।
- नारी मुक्ति की प्रस्तावना।
- इस धारा की रचनाएँ मुक्तकों में हैं। इस धारा के भावों की सरस अभिव्यक्ति ब्रजभाषा में हुई है।

प्रमुख कवि

अष्टछाप : यह आठ कृष्ण भक्त कवियों का समूह है जिसकी स्थापना वल्लभाचार्य के पुत्र गोस्वामी विट्‌ठलनाथ के द्वारा की गई थी।

अष्टछाप के 8 कवियों में चार वल्लभाचार्य के तथा चार विट्‌ठलनाथ के शिष्य हैं।

सूरदास, कुम्भनदास, कृष्णदास तथा परमानन्ददास वल्लभाचार्य के शिष्य हैं।

गोविन्द स्वामी, चतुर्भुजदास, नन्ददास तथा छीत स्वामी विट्‌ठलनाथ के शिष्य हैं।

सूरदास (1478 ई.-1583 ई.)

रुनकता ग्राम (उ.प्र)

सूरसागर, सूरसारावली और साहित्य लहरी प्रमुख रचनाएँ हैं।

सूरसागर का उपजीव्य ग्रन्थ श्रीमद्‌भागवत् पुराण के दशम् स्कन्ध के 46वें तथा 47वें अध्याय को माना जाता है।

सूरसागर को 12 स्कन्धों में विभाजित किया गया है।

सूरदास को रामचन्द्र शुक्ल ने वात्सल्य रस का सम्राट तथा जीवनोत्सव का कवि कहा है।

गोस्वामी विट्‌ठलदास जी ने सूरदास को 'पुष्टिमार्ग का जहाज' कहा है।

हिन्दी साहित्य में भ्रमरगीत परम्परा का समावेश करनेवाले कवि सूरदास ही माने जाते हैं।

कुम्भनदास (1468 ई.-1583 ई.)

इनके द्वारा रचित कोई स्वतंत्र रचना प्राप्त नहीं होती है। लेकिन इनके द्वारा रचित पदों का दो संग्रह प्राप्त होता है।

कृष्णदास (1496 ई.-1578 ई.)

'जुगलमान चरित', 'भ्रमरगीत' तथा 'प्रेम तत्त्व निरूपण' इसकी मुख्य रचनाएँ हैं।

परमानन्द दास (1493 ई.-1572 ई.)

'परमानन्द सागर' इनके द्वारा रचित पदों का संकलन है।

काव्य सौष्ठव में सूरदास तथा नन्ददास के बाद तीसरे प्रमुख कवि हैं।

नन्ददास : (1533 ई.-1583 ई.)

अनेकर्थ मंजरी, मान मंजरी, विरह मंजरी, रूप मंजरी, रस मंजरी, भँवर गीत, रास पंचाध्यायी सिद्धान्त, पंचाध्यायी तथा सुदामा चरित आदि इनके प्रमुख ग्रन्थ हैं।

'रास पंचाध्यायी' नन्ददास की सर्वश्रेष्ठ रचना है। इस रचना में विरहिणी आत्मा (गोपी) का परमात्मा (कृष्ण) से मिलन करवाया है।

इसमें रोला छन्द का प्रयोग किया गया है।

काव्य सौष्ठव में सूरदास के बाद दूसरे मुख्य कवि हैं।

नन्ददास की गोपियाँ सूर की गोपियों की अपेक्षा अधिक मुखर तथा वाचाल मानी गई हैं।

मीराबाई (1504 ई.-1563 ई.)

गीतगोविन्द टीका, राग सोरठ पद संग्रह, स्फुट पद, राग गोविन्द, नरसी जी रो मायरो आदि प्रमुख रचनाएँ हैं।

दर्शन और भक्ति के धरातल पर किसी विशेष सम्प्रदाय का अनुगमन नहीं किया है।

मीरा के काव्य में भक्ति, विरह और विद्रोह का अद्‌भुत समन्वय देखने को मिलता है। उनकी भक्ति माधुर्य भाव की है।

इनकी ब्रजभाषा में लोकभाषा की सहजता और सरलता विद्यमान है।

रसखान

मीरा की ही तरह सम्प्रदाय निरपेक्ष कृष्ण भक्त कवि।

रचनाएँ

'सुजान रसखान', प्रेम वाटिका, दानलीला, अष्टयाम, कवित्त-सवैयों में कृष्ण का रूप वर्णन करनेवाले प्रथम कवि।

रहीम

पूरा नाम अब्दुल रहीम खानखाना।

भक्तिकाल और रीतिकाल को जोड़नेवाले प्रमुख कवि।

रहीम दोहावली, बरवै, नायिका भेद, मदनाष्टक, रास-पंचध्यायी तथा शृंगार सोरठा आदि प्रमुख रचनाएँ हैं।

ब्रज के साथ अवधी और खड़ी बोली में भी रचनाएँ की हैं।

(3) रामभक्ति काव्यधारा

विष्णु के अवतार के रूप में राम को आराध्य मानकर काव्य की रचना करनेवाली धारा।

स्वामी रामानन्द इस धारा के प्रवर्तक तथा गोस्वामी तुलसीदास सर्वश्रेष्ठ कवि माने गए हैं।

विशेषताएँ

- इस काव्यधारा में राम को लोकनायक के रूप में स्थापित किया गया है।
- इस काव्यधारा का केन्द्रीय मूल्य 'सामाजिक मर्यादा' का है।
- रामभक्ति काव्य को शुक्ल जी ने 'लोकमंगल की 'साधनावस्था' का काव्य कहा है।

- समन्वयात्मक जीवन दृष्टि को वरीयता।
- गहन राजनीतिक बोध की उपस्थिति।
- नारी के प्रति परम्परागत दृष्टिकोण।
- वर्णव्यवस्था का समर्थन।
- समाज में व्याप्त आर्थिक समस्याओं की पहचान।
- दास्य भक्ति की प्रधानता।
- इस काव्यधारा में मुख्यतः प्रबन्धात्मक रचनाएँ लिखी गई हैं। बहुत सी रचनाएँ मुक्तक हैं।
- अवधी और ब्रज दोनों भाषाओं का प्रयोग।

प्रमुख कवि

गोस्वामी तुलसीदास (1532 ई.-1623 ई.)

इनके प्रामाणिक ग्रन्थों की संख्या 12 मानी जाती है।

रचना	काल	भाषा
• कृष्ण गीतावली	1571 ई.	ब्रज
• रामचरित मानस	1574 ई.	अवधी
• वियन पत्रिका	1582 ई.	ब्रज
• दोहावली	1583 ई.	,,
• कवितावली	1612 ई.	,,
• रामलला नहछू	1582 ई.	अवधी
• पार्वती मंगल	,, ,,.	,,
• जानकी मंगल	,, ,,.	,,
• वैराग्य संदीपनी	1612 ई.	ब्रज
• बरवै रामायण	,, ,,.	,,
• रामाज्ञा प्रश्नावली	,, ,,.	ब्रज व अवधी

- रामचन्द्र शुक्ल तथा रामविलास शर्मा ने तुलसीदास को 'हिन्दी का जातीय कवि' कहा है।
- रामचरितमानस की रचना के कारण नाभादास ने 'कलिकाल का वाल्मीकि' कहा है।
- ग्रियर्सन ने तुलसीदास को महात्मा 'बुद्ध के बाद दूसरा सबसे बड़ा लोकनायक' कहा है।

- तुलसीदास मूलतः स्मार्त वैष्णव भक्त कवि माने जाते हैं।
- रामचरितमानस तुलसीदास की सर्वश्रेष्ठ रचना है। इसे सात खंडों में विभाजित किया गया है, जो क्रमानुसार इस प्रकार हैं—बालकांड, अयोध्याकांड, अरण्यकांड, किष्किंधाकांड, सुन्दरकांड, लंकाकांड, उत्तरकांड।
- रामलला नहछू में सोहर छन्द में विवाह के गीत हैं।
- विनयपत्रिका में तुलसीदास ने अपने जीवन के विषय में भी लिखा है।
- रामाज्ञा प्रश्नावली ज्योतिष शास्त्र से सम्बन्धित रचना है।
- कवितावली को तुलसीदास की अन्तिम रचना मानी जाती है।

स्वामी रामानन्द (1368 ई.-1468 ई.)

राम रक्षा स्तोत्र, रामतारक मंत्र, योग चिन्तामणि, श्रीराम आरती, श्री हनुमान आरती इनके मुख्य ग्रन्थ हैं।

रामावत सम्प्रदाय की स्थापना।

विष्णुदास	-	महाभारत कथा, स्वर्गारोहण पर्व
अग्रदास	-	ध्यान मंजरी, रामभजन मंजरी
ईश्वर दास	-	भरत मिलाप, सत्यवती कथा
प्राणचन्द चौहान	-	रामायण-महानाटक
हृदयराम	-	हनुमन्नाटक (रामगीत)
नाभादास	-	भक्तमाल, अष्टायाम

भक्तिकाल से सम्बन्धित प्रमुख सम्प्रदाय/दर्शन आदि—

दर्शन/सम्प्रदाय	**प्रवर्तक**
• अद्वैतवाद (स्मार्त सम्प्रदाय)	शंकराचार्य
• द्वैतवाद (ब्रह्म सम्प्रदाय)	मध्वाचार्य
• द्वैताद्वैत (सनकादि/रसिक सम्प्रदाय)	निम्बार्काचार्य
• विशिष्टाद्वैत (श्री सम्प्रदाय)	रामानुजाचार्य
• शुद्धाद्वैत (पुष्टिमार्ग)	वल्लभाचार्य
• अचिन्त्य भेदाभेद (गौड़ीय सम्प्रदाय)	चैतन्य महाप्रभु
• रुद्र सम्प्रदाय	विष्णु स्वामी
• रामावत सम्प्रदाय	स्वामी रामानन्द
• निरंजनी सम्प्रदाय	स्वामी हरिदास
• राधावल्लभ सम्प्रदाय	स्वामी हितहरिवंश

संत काव्य

रचनाकार	रचनाएँ	वर्ण्य विषय
नामदेव	अभंगपद	डॉ. भगीरथ मिश्र ने 'संत नामदेव की हिन्दी पदावली' (1964) तथा रामचन्द्र मिश्र ने 'संत रामदेव और हिन्दी पद साहित्य' नाम से सम्पादन किया है।
कबीर	बीजक (साखी, सबद और रमैनी)	कबीर के काव्य का संकलन सबसे पहले उनके शिष्य धरम दास ने 'बीजक' नाम से किया था। इसके उपरान्त डॉ. श्यामसुन्दर दास ने 'कबीर-ग्रन्थावली', डॉ. पारसनाथ तिवारी ने 'कबीर ग्रन्थावली' (1961), अयोध्यासिंह उपाध्याय हरिऔध ने 'कबीर वचनावली' (1946) नाम से कबीर की रचनाओं का सम्पादन किया है।
गुरु नानकदेव	जपुजी, असादीवार, रहिरास, सोहिला, नसीहतनामा	गुरु नानकदेव की रचनाओं का संकलन डॉ. जयराम मिश्र ने 'नानकवाणी', डॉ. मनमोहन सहगल ने 'श्री गुरु ग्रन्थ साहिब' (पहली, दूसरी सैंची) (1978, 1980) नाम से सम्पादित किया है।
रैदास(रविदास)	रविदास की बानी, रविदास के पद	इनकी कुछ रचनाएँ श्री गुरु ग्रन्थ साहिब में संकलित हैं। इसमें 18 हजार चौपाइयाँ संगृहीत हैं। यह प्रणामी सम्प्रदाय
मलूकदास	ज्ञानबोध, रामावतार लीला, ध्रुवचरित	ज्ञानबोध में ज्ञान, भक्ति और वैराग्य का तथा रामावतार लीला में रामवन की कथा का विस्तृत वर्णन है।
दादूदयाल	हरडेबानी	दादूदयाल की रचनाओं का संकलन रज्जबदास तथा जगन्नाथ ने

		'हरडेबानी' नाम से किया। बाद में परशुराम चतुर्वेदी ने 'दादू ग्रन्थावली' नाम से सम्पादन किया।
सुन्दरदास	सुन्दरविलास, सुन्दर ग्रन्थावली (भाग 1, 2)	सुन्दरदास की रचनाओं का संकलन है।
जगजीवन दास	ज्ञानप्रकाश, महाप्रलय, प्रथम ग्रन्थ	—
सहजोबाई	सहजप्रकाश, सोलह, तत्त्व निर्माण	—
अक्षर अनन्य	महिमा समुद्र, सिद्धान्तबोध,प्रेम-दीपिका, ज्ञानयोग, पंचासिका	—

सूफी काव्य

रचनाकार	**रचनाएँ**	**रचनाकाल**	**वर्ण्य विषय**
असाइत	हंसावली	1370 ई.	गुजराती मिश्रित पश्चिमी हिन्दी में रचित प्रेमकथा
मुल्ला दाऊद	चन्दायन	1379 ई.	लोरिक और चन्दा की लोककथा के माध्यम से प्रेम के महत्त्व का चित्रण, इसे **लोरकहा** भी कहते हैं।
ईश्वरदास	सत्यवती कथा	1500 ई.	सत्यवती कथा सौन्दर्य, प्रेम, विरह निरूपण, तत्कालीन बादशाह का उल्लेख; अवधी भाषा, दोहा-चौपाई शैली आदि की दृष्टि से हिन्दी प्रेमाख्यान परम्परा का उच्चकोटि का काव्य है।
कुतुबन	मृगावती	1501 ई.	मृगावती और राजकुँवर की लौकिक प्रेमकथा के द्वारा अलौकिक प्रेम का वर्णन है।

मलिक मोहम्मद 'जायसी'	पद्मावत	1520 ई. (947 हिजरी)	राजा रतनसेन और पद्मावती की प्रेमकथा के द्वारा अलौकिक प्रेम का चित्रण, अवधी का प्रथम महाकाव्य है।
	आखिरी कलाम	936 हिजरी	इसमें कयामत का वर्णन तथा मोहम्मद साहब के महत्त्व का प्रतिपादन है।
	अखरावट	—	इसमें देवनागरी वर्णमाला के एक-एक वर्ण (अक्षर) को लेकर सैद्धान्तिक बातें कही गई हैं।
मंझन	मधुमालती	1545 ई.	मधुमालती और मनोहर की प्रेमकथा के द्वारा अलौकिक प्रेम का वर्णन है।
उसमान	चित्रावली	1613 ई.	सुजान और चित्रावली की प्रेमकथा के माध्यम से प्रेम और विरह के महत्त्व का प्रतिपादन है।
शेख़नबी	ज्ञानदीप	1619 ई.	ज्ञानदीप और देवयानी की प्रेमकथा का वर्णन है।
नूर मोहम्मद	इन्द्रावती	1707 ई.	सभी पात्रों का प्रतीक रूप में चित्रण करते हुए आध्यात्मिक संकेत दिया गया है।
कासिम शाह	हंस जवाहिर	1736 ई.	हंस और रानी जवाहिर की प्रेमकथा का वर्णन है।
नूर मोहम्मद	अनुराग बाँसुरी	1764 ई.	प्रेमकथा के माध्यम से इस्लामी धर्म का प्रचार (दोहे की जगह बरवै छन्द का प्रयोग) किया गया है।
निसार	यूसुफ जुलेखा	—	शामी परम्परा से कथानक लेकर प्रेम के महत्त्व का प्रतिपादन किया गया है।
नसीर	प्रेमदर्पण	—	यूसुफ जुलेखा की ही प्रेमकथा वर्णित है।

राम काव्य

रचनाकार	रचना	रचनाकाल	वर्ण्य विषय
रामानन्द	रामरक्षास्तोत्र	अज्ञात	हिन्दी में रामभक्ति परम्परा का आरम्भ है।
विष्णुदास	रामायण कथा	1442 ई.	हिन्दी में लिखा गया प्रथम रामकथा काव्य है।
अग्रदास	ध्यानमंजरी	अज्ञात	राम तथा अन्य भाइयों के सौन्दर्य वर्णन के साथ सरयू और अयोध्या का वर्णन है।
ईश्वरदास	भरतमिलाप	1444 ई.	राम को वनवास होने पर भरत और राम के मिलन का प्रसंग वर्णित है।
	अंगद पैज	1444 ई.	रावण के दरबार में अंगद का पैर जमाने का चित्रण है।
तुलसीदास	रामचरितमानस	1574 ई.	भगवान राम का सम्पूर्ण जीवन चरित्र वर्णित है। यह हिन्दी का सर्वाधिक लोकप्रिय ग्रन्थ है।
	रामलला नहछू	1586 ई.	रामविवाह के समय यज्ञोपवीत संस्कार के अवसर पर नहछू का वर्णन है।
	वैराग्य संदीपनी	1612 ई.	तुलसीदास ने इस कृति को 'अखिल ज्ञान का सार' कहा है। इसमें संत स्वभाव, संत महिमा का वर्णन तथा नीति, भक्ति, रामनाम माहात्म्य सम्बन्धी दोहे हैं।
	दोहावली	1583 ई.	नीति, भक्ति, रामनाम माहात्म्य सम्बन्धी दोहे संगृहीत हैं।
	बरवै रामायण	1612 ई.	रामकथा सम्बन्धी मार्मिक प्रसंगों का वर्णन है।
	पार्वती मंगल	1586 ई.	शिव-पार्वती के विवाह का वर्णन है।

	जानकी मंगल	1586 ई.	राम-सीता के विवाह का वर्णन है।
	रामाज्ञा प्रश्न	1612 ई.	शुभ-अशुभ शकुन विचार हेतु लिखा राम काव्य है।
	कृष्णगीतावली	1571 ई.	श्रीकृष्ण का बालचरित्र, गोपिका-प्रेम और मथुरा गमन का चित्रण है।
	गीतावली	1571 ई.	मुक्तकों में रामकथा वर्णित है। कथा सात काण्डों में विभक्त है।
	कवितावली	1612 ई.	कवित्त छन्द में रामकथा का वर्णन है। रामकथा सात काण्डों में विभक्त है।
	विनय-पत्रिका	1585 ई.	व्यक्तिगत एकांतिक अनुभूतियों की अभिव्यक्ति की दृष्टि से 'विनय-पत्रिका' भक्ति काव्य में अनूठी है। इसमें 280 पद, भाषा ब्रज और शान्त रस की प्रधानता है।
नाभादास	भक्तमाल	1585 ई.	दो सौ भक्तों का चरित्र-वर्णन है।
	अष्टयाम	1585 ई.	रामभक्ति विषयक माधुर्य उपासना के पद संगृहीत हैं।
केशवदास	रामचन्द्रिका	1601 ई.	वाल्मीकि रामायण के आधार पर रामकथा वर्णित है।
प्राणचन्द चौहान	रामायण महानाटक	1610 ई.	संवाद शैली में रामकथा का चित्रण है।
हृदयराम	हनुमन्नाष्टक	1623 ई.	संस्कृत के हनुमन्नाष्टक के आधार पर सवैया छन्द में रचित नाटक है।
लालदास	अवधविलास	1643 ई.	रामजन्म से वनगमन तक की कथा वर्णित है।
सेनापति	कवित्त रत्नाकर	1649 ई.	इस ग्रन्थ की चौथी-पाँचवीं तरंगों में रामकथा वर्णित है।

माधवदास	अध्यात्म रामायण	1624 ई.	संस्कृत की अध्यात्म रामायण पर आधारित रामकथा वर्णन है।
	रामरासो	1618 ई.	रामकथा की मुख्य घटनाओं, जीवन-प्रसंगों और चारित्रिक विशेषताओं का वर्णन है।
रामप्रिया शरण दास	सीतायन	1703 ई.	सीताजी को प्रधानता देकर रामकथा का वर्णन है।

कृष्ण काव्य

रचनाकार	रचना	रचनाकाल	वर्ण्य विषय
सूरदास	सूरसागर	1530-1547 ई.	श्रीमद्‌भागवत की पद्धति पर द्वादश स्कन्धों में कृष्ण भक्ति का सर्वश्रेष्ठ काव्य है।
	सूरसारावली	1548 ई.	सूरसागर की विषयानुक्रमणिका
	साहित्यलहरी	1550 ई.	सुप्रसिद्ध दृष्टकूट पदों का संकलन (नायिका भेद सम्बन्धी शृंगार ग्रन्थ)
परमानन्द दास	परमानन्द सागर	1550 ई.	कृष्ण के मथुरागमन से भँवर गीत तक के प्रसंग का चित्रण है।
नन्ददास	अनेकार्थ मंजरी	1553-1583 ई.	पर्यायकोश ग्रन्थ
	मानमंजरी	1553-1583 ई.	अमरकोश के आधार पर पर्यायवाची शब्दों का संकलन है।
	रसमंजरी	1553-1583 ई.	नायिका भेद सम्बन्धी शृंगार ग्रन्थ
	भँवरगीत	1553-1583 ई.	भ्रमरगीत परम्परा का उच्चकोटि का काव्यग्रन्थ है।
	रासपंचाध्यायी	1553-1583 ई.	श्रीकृष्ण की रासलीला का वर्णन कोमल संगीतात्मक पदावली में किया गया है। इसे हिन्दी का

			गीत गोविन्द कहा जाता है। यह खंड काव्य है।
	रूपमंजरी	1553-1583 ई.	रूपमंजरी और कृष्ण की प्रेमगाथा
	विरहमंजरी	1553-1583 ई.	विरह के भेदों का काव्यशास्त्रीय विवेचन
	श्याम सगाई	1553-1583 ई.	राधा-कृष्ण की सगाई का रोचक चित्रण
	सुदामा चरित	1553-1583 ई.	सुप्रसिद्ध कृष्ण और सुदामा की कथा का वर्णन
	रुक्मिणी मंगल	1553-1583 ई.	रुक्मणि हरण और कृष्ण के साथ उनके विवाह का वर्णन
नन्ददास	सिद्धान्तपंचाध्यायी	1553-1583 ई.	कृष्ण और गोपियों की रासलीला का आध्यात्मिक वर्णन
	दशम् स्कन्धभाषा	1553-1583 ई.	श्रीमद्भागवत के स्कन्ध का दोहा-चौपाई में रूपान्तरण
	गोवर्धन लीला	1553-1583 ई.	श्रीकृष्ण की विविध लीलाओं एवं कृष्ण चरित का गुणगान
	नन्ददास पदावली	1553-1583 ई.	बारह प्रकरणों में राधा-कृष्ण सम्बन्धी विविध प्रकरण
कृष्णदास	जुगलमान चरित	1553-1583 ई.	राधा-कृष्ण के प्रेम का शृंगारपरक चित्रण
निम्बार्काचार्य	वेदान्त पारिजात सौरभ	1553-1583 ई.	ब्रह्मसूत्र पर वृत्ति
	दशश्लोकी	1553-1583 ई.	दस श्लोकों में भक्ति सिद्धान्त प्रतिपादक रचना
श्रीभट्ट	युगलशतक	1553-1583 ई.	राधा-कृष्ण की युगल लीलाओं का वर्णन
हितहरिवंश	हितचौरासी	1553-1583 ई.	राधा-कृष्ण का प्रेम, नित्य विहार, रासलीला आदि का शृंगारिक वर्णन
	स्फुटवाणी	1553-1583 ई.	राधा-भक्ति, जीवनोद्देश्य आदि विषयों पर स्फुट रचनाएँ
ध्रुवदास	बयालीस लीला	1603-1643 ई.	राधा-कृष्ण की विभिन्न लीलाओं का वर्णन

	सिद्धान्त विचार	1603-1643 ई.	भक्ति-सिद्धान्त विवेचन
	भक्तनामावली	1603-1643 ई.	संक्षेप में अनेक भक्तों का परिचयात्मक वर्णन
स्वामी हरिदास	सिद्धान्त के पद	1603-1643 ई.	भक्ति के सिद्धान्तों का वर्णन
	केलिमाल	1603-1643 ई.	श्री श्यामाकुंज बिहारी की विविध लीलाओं का 110 पदों में सुन्दर चित्रण
मीराबाई	नरसी जी का मायरा	1528-1543 ई.	नरसी जी की भक्ति का वर्णन
	गीतगोविन्द टीका	1528-1543 ई.	गीतगोविन्द की भाषा टीका
	राग सोरठा पद-संग्रह	1528-1543 ई.	मीरा, कबीर, नानकदेव के पद
	स्फुट पद	1528-1543 ई.	मीरा के कृष्ण-भक्तिपरक पद ('मीरा पदावली' नाम से प्रकाशित)
नरोत्तमदास	सुदामाचरित	—	भागवतम् में वर्णित सुदामा प्रसंग पर आधारित रचना
रसखान	सुजान रसखान	1583 ई.	राधा-कृष्ण की रूपमाधुरी लीला सम्बन्धी, भक्ति, प्रेमपरक प्रसंग
	दानलीला	1583-1626 ई.	राधा-कृष्ण के पौराणिक प्रसंग पर आधारित 11 छन्दों की रचना है।
	अष्टयाम	1583-1626 ई.	श्रीकृष्ण के प्रात: जागरण से रात्रिशयन पर्यन्त दिनचर्या का वर्णन
	प्रेम-वाटिका	1614 ई.	राधा-कृष्ण को मालिन-माली मानकर प्रेम के गूढ़ तत्त्व का सूक्ष्म निरूपण
रहीम	दोहावली	1583-1626 ई.	नीति सम्बन्धी दोहों का संकलन
	शृंगार सोरठ	1583-1626 ई.	कृष्ण के रूप सौन्दर्य तथा गोपी-विरह का निरूपण

	बरवै नायिका भेद	1583-1626 ई.	
	मदनाष्टक	1583-1626 ई.	कृष्ण का रूपलावण्य, मुरली का सम्मोहक प्रभाव, गोपियों की विरह वेदना का चित्रण
गंग कवि	गंग कवित्त	1583-1626 ई.	शृंगार, भक्ति, नीति, राजप्रशस्तिपरक रचनाएँ

रीतिकाल

(1700 ई. - 1850 ई.)

हिन्दी साहित्य का उत्तर-मध्यकाल 'रीतिकाल' के नाम से जाना जाता है।

रीति शब्द 'रीङ' धातु में 'वितन' प्रत्यय जोड़ने से बना है। अर्थात काव्य लेखन की एक विशिष्ट प्रवृत्ति को रीति कहा गया।

रीति शब्द का अर्थ है—अनुकरण करने की प्रवृत्ति। इस काल में बहुत सी रचनाएँ काव्यशास्त्रीय या अन्य प्रकार के शास्त्रीय ग्रन्थों अथवा सिद्धान्तों के अनुकरण में लिखी गई थी। फलतः अनुकरण की यह परम्परा या मानसिकता की रीति कहलाई।

रीतिकाल की अनुकरणमूलक मानसिकता के लिए 'रीति' शब्द का प्रयोग इस काल के कवियों द्वारा भी किया गया है। कुछ कवियों के कथन इस प्रकार हैं—

'रीति सुभाषा कवित्त की बरनत बुध अनुसार।' (चिन्तामणि)
'अपनी-अपनी रीति के काव्य और कवि रीति।' (देव)
'काव्य की रीति सिखी सुकवीन सों।' (भिखारीदास)

रीतिकाल को विद्वानों द्वारा अलग-अलग नामों से पुकारा गया है—

जार्ज ग्रियर्सन	-	दी आर्स पोयटिका
मिश्रबन्धु	-	अलंकृत काल
रामचन्द्र शुक्ल	-	उत्तर-मध्यकाल एवं रीतिकाल
विश्वनाथ प्रसाद मिश्र	-	शृंगार काल
रमाशंकर शुक्ल रसाल और भगीरथ मिश्र	-	कला काल

रीतिकाल सर्व स्वीकृत नाम है।

रीतिकाव्य का प्रवर्तक हिन्दी में रीतिकाव्य के प्रवर्तक अलग-अलग रचनाकार माने गए हैं।

- विश्वनाथ प्रसाद मिश्र के अनुसार कृपाराम
इनके रस निरूपण ग्रन्थ 'हिततरंगिणी'
(1571 ई.) को आधार मानकर कृपाराम को प्रवर्तक माना है।
- कुछ इतिहासकार कृष्ण भक्ति काव्यधारा के कवि नन्ददास को रीतिकाव्य का प्रवर्तक मानते हैं। इसका आधार 1560 ई. में रचित उनकी पुस्तक 'रसमंजरी' है।
- डॉ. नगेन्द्र ने केशवदास को रीतिकाव्य का प्रवर्तक माना है, जिन्होंने 1601 ई. में कविप्रिया की रचना की।
- रामचन्द्र शुक्ल ने चिन्तामणि त्रिपाठी को रीतिकाव्य का प्रवर्तक माना है। अपनी मान्यता के लिए शुक्ल जी ने 1643 ई. के आसपास रचित ग्रन्थों 'काव्य विवेक', 'काव्य प्रकाश' तथा 'कविकुल कल्पतरु' को आधार बनाया।
वस्तुत: सैद्धान्तिक तौर पर केशवदास को रीतिकाव्य का प्रवर्तक माना गया है, लेकिन रीतिकाव्य परम्परा का वास्तविक विकास चिन्तामणि त्रिपाठी के बाद ही हुआ।

रीतिकालीन साहित्य

1 **रीतिबद्ध काव्य/**	2 **रीतिसिद्ध काव्य**	3 **रीतिमुक्त काव्य**	4 **रीतिइतर काव्य**
लक्षण ग्रन्थ परम्परा/ आचार्य कवि परम्परा कवि केशवदास चिन्तामणि त्रिपाठी देव भिखारीदास भूषण पद्माकर मतिराम रसलीन	कवि बिहारी रसनिधि सेनापति दरबारी कविता वीरकाव्य भूषण	 कवि घनानन्द आलम ठाकुर बोधा द्विजदेव नीतिकाव्य कवि	 गैर दरबारी कविता भक्तिकाव्य कवि

लाल कवि		यारी साहब
(गोरेलाल पुरोहित)		
मानकवि		दरिया साहब
श्रीधर	वृंद	पलटू साहब
सूदन	गिरधर कविराय	
	कासिमशाह	
		दीनदयाल गिरि
		नूर मुहम्मद
		केशवदास (रामचन्द्रिका)
		सेनापति (कवित्त रत्नाकर)
		गोविन्द सिंह (अध्यात्म रामायण)
		गुमान मिश्र (कृष्ण चन्द्रिका)
		ब्रजवासी दास (रस विलास)
		कृष्णदास (माधुर्य लहरी)

रीतिबद्ध काव्यधारा

- रीतिकाल की वह विशिष्ट काव्यधारा जिसमें निर्दिष्ट काव्य रीति या काव्य प्रणाली के अन्तर्गत रचना करना प्रधान साहित्यिक प्रवृत्ति बन गई थी।
- इस धारा के कवियों ने पहले संस्कृत से लक्षण या सिद्धान्त को पहले ब्रजभाषा में प्रस्तुत किया और फिर उदाहरण के रूप में अपनी कविता लिखी। इसी कारण इस धारा को 'लक्षण ग्रन्थ परम्परा' भी कहा गया।
- इस धारा के कवियों ने राजाओं, सामन्तों व धनिकों को शास्त्रीय ज्ञान देने के लिए लक्षण ग्रन्थों की रचना की।
- लक्षण ग्रन्थों की परम्परा का पालन करने के कारण इस धारा के कवियों डॉ. नगेन्द्र तथा डॉ. महेन्द्र कुमार ने 'आचार्य कवि' कहा है।
- इन कवियों की कविता में प्राय: अपने आश्रयदाताओं को प्रसन्न करने की कोशिश झलकती है, इसलिए इनके वर्णन प्राय: शृंगार प्रधान है जिनमें शुद्ध विलास और भोग की प्रवृत्ति है।
- रीति निरूपण के लिए इस धारा के कवियों जयदेव के 'चन्द्रालोक' तथा अप्पय दीक्षित के 'कुवलयानन्द' नामक दो संस्कृत लक्षण ग्रन्थों को अपना आधार बनाया।
- आधुनिक आलोचना की शब्दावली में रीतिबद्ध कविता को शुद्ध कलात्मक कविता माना गया है। अत: इस कविता में आलंकारिकता, उक्ति वैचित्र्य,

लाक्षणिकता, नाद व चित्र आदि का भरपूर प्रयोग मिलता है।

- इन कवियों की भाषा ब्रज है।
- इस धारा के कवियों ने काव्य रूप के धरातल पर मुक्तकों को ही चुना है। दोहा, कवित्त और सवैया प्रधान छन्द हैं।
- रीतिबद्ध काव्यधारा के कवियों को दो वर्गों में रखा गया है—
- **सर्वांग विवेचक वर्ग :** इसके अन्तर्गत वे कवि गिने जाते हैं, जिन्होंने काव्य के सभी अंगों (रस, छन्द, अलंकार, काव्य हेतु, काव्य लक्षण आदि) का विवेचन किया है। केशवदास, कुलपति और भिखारीदास इस वर्ग के उल्लेखनीय कवि हैं।
- **विशिष्टांग विवेचक वर्ग :** इसके अन्तर्गत मतिराम, देव जैसे कवियों को रखा जाता है जिन्होंने एक-दो काव्यांगों का ही विवेचन किया है।

प्रमुख कवि

केशवदास (1555 ई.-1617 ई.)

'रसिकप्रिया' (1591 ई.)

केशवदास की सर्वप्रथम रचना।

रसशास्त्र और नायिका भेद से सम्बन्धित रचना।

संस्कृत ग्रन्थ 'श्रृंगार तिलक' के आधार पर रचित रचना मानी जाती है।

कविप्रिया (1601 ई.)

यह हिन्दी साहित्य की प्रथम काव्यशास्त्रीय रचना मानी जाती है।

इसमें मूलतः अलंकारों का विवेचन है।

रामचन्द्रिका (1601 ई.)

यह रामभक्ति काव्य से सम्बन्धित रचना है।

इसका स्वरूप प्रबन्धात्मक है।

यह रचना अपनी संवाद योजना के लिए प्रसिद्ध है।

छन्दों के विविध प्रयोग के कारण रामस्वरूप चतुर्वेदी ने इस रचना को 'छन्दों का अजायबघर' कहा है।

वीरसिंह देव चरित (1607)

रत्न बावनी (1607 ई.)

जहाँगीर जस चन्द्रिका (1612 ई.)

ये तीनों रचनाएँ आश्रयदाताओं की प्रशंसा में लिखी गई हैं।

'विज्ञानगीता', 'नख-शिख' और छन्दमाला केशवदास की अन्य रचनाएँ हैं।

क्लिष्ट और शिलष्ट पदावली के प्रयोग के कारण रामचन्द्र शुक्ल ने केशवदास को 'कठिन काव्य का प्रेत' कहा है।

तत्सम शब्दों के अत्यधिक प्रयोग के कारण बच्चन सिंह ने केशव दास को संस्कृत का क्लासिक पंडित कहा है।

पद्माकर (1753 ई.-1883 ई.)

- 'हिम्मत बहादुर विरुदावली'
- 'पद्माभरण'
- 'जगद् विनोद'
- 'प्रबोध पचासा'
- 'गंगा लहरी'
- 'प्रताप सिंह विरुदावली'
- 'कलि पच्चीसी'
- 'राम रसायन'

पद्माकर को रामचन्द्र शुक्ल ने लक्षण ग्रन्थ परम्परा का अन्तिम प्रसिद्ध कवि कहा है।

देव (1673 ई.-1767 ई.)

'भावविलास', 'अष्टयाम', 'कुशल विलास', 'भवानी विलास', 'प्रेम चन्द्रिका', 'रस विलास', 'सुजान विनोद', 'देव शतक', 'देव चरित्र', 'शब्द रसायन/काव्य रसायन', 'सुख सागर तरंग', 'देवमाया प्रपंच', 'राग रत्नाकर', 'जाति विलास' तथा 'प्रेम तरंग' इनकी उपलब्ध 15 रचनाएँ हैं।

भूषण (1613 ई.-1715 ई.)

शिवाजी और छत्रसाल इनके आश्रयदाता थे।

'शिवराज भूषण', 'शिवाबावनी', 'भूषण उल्लास', 'भूषण हजारा', 'अलंकार प्रकाश', 'छत्रसाल दशक' इनके प्रसिद्ध ग्रन्थ हैं।

रीतिकालीन श्रृंगार भावना के स्थान पर वीर रस की कविताएँ लिखी। इसी कारण डॉ. नगेन्द्र ने इन्हें रीतिकाल का विलक्षण कवि कहा है।

चिन्तामणि त्रिपाठी : 'कविकुल कल्पतरु', 'काव्य विवेक', 'रस विलास', 'छन्द विचार पिंगल', 'कवित्त विचार', 'श्रृंगार मंजरी' इनकी मुख्य रचनाएँ हैं।

भिखारीदास : 'रस सारांश', 'काव्य निर्णय', 'श्रृंगार निर्णय', 'छन्दोर्णवपिंगल', 'शब्दनाम कोश' महत्त्वपूर्ण रचनाएँ हैं।

संस्कृत ग्रन्थ 'अमर कोश' का हिन्दी अनुवाद 'अमर प्रकाश' नाम से किया है।

मतिराम : 'ललित ललाम', 'अलंकार पंचाशिका', 'रसराज', 'वृत्त कौमुदी', 'मतिराम सतसई', 'साहित्यकार', 'छन्दसार संग्रह' इनकी प्रमुख रचनाएँ हैं।

रीतिसिद्ध काव्य : इस धारा के अन्तर्गत उन कवियों को रखा जाता है जिन्होंने 'लक्षण ग्रन्थ परम्परा' का अनुसरण नहीं किया, लेकिन लक्षणों को ध्यान में रखकर काव्य रचना की।

काव्य के विभिन्न अंग (रस, छन्द, अलंकार, नायिका भेद) इन कवियों को ध्यान में तो रहे, लेकिन उनका प्रत्यक्ष विरूपण करने की बजाय उन काव्यांगों के सिद्धान्तों को ध्यान में रखकर काव्य रचना की।

रीतिबद्ध काव्य की तरह यह काव्य भी दरबारों में ही रचा गया है।

इस काव्य धारा में भी राजाओं की प्रशंसा, भोगमूलक श्रृंगार तथा सामंती विलास की प्रवृत्तियाँ केन्द्र में हैं।

इस धारा के कवियों ने परिनिष्ठित ब्रजभाषा का प्रयोग किया है। छन्दों में मुख्यत: दोहा छन्द प्रयुक्त हुआ है।

प्रमुख कवि

बिहारीलाल (1595 ई.-1663 ई.)

बिहारी ने सिर्फ एक काव्यग्रन्थ की रचना की जिसे 'सतसई' या 'बिहारी सतसई' कहा जाता है।

यह 'गाथा सप्तशती' तथा 'आर्या सप्तशती' की परम्परा की ही रचना है, हालाँकि बिहारी सतसई में 713 छन्द हैं।

बिहारी पर सामंती चेतना का प्रभाव इतना अधिक है कि उनका लगभग हर छन्द सामंती वैभव तथा विलास की चमक-दमक में डूबा नजर आता है।

इसी कारण उन्हें 'नागर कवि' भी कहा जाता है।

बिहारी की कविताओं में चमत्कार की क्षमता से प्रभावित होकर जॉर्ज ग्रियर्सन ने लिखा कि ''सम्पूर्ण यूरोप में बिहारी सतसई के समकक्ष एक भी रचना प्राप्त नहीं होती है।''

हजारीप्रसाद द्विवेदी ने बिहारी सतसई को 'रसिकों के हृदय का घर' कहा है।

लाला भगवानदीन ने बिहारी को सूरदास, तुलसीदास और केशवदास के बाद हिन्दी का चैथा रत्न कहा है।

रीतिकाल के अधिकांश कवियों की ही तरह बिहारी ने कविता साधन या उपकरण माना है जिसका उद्देश्य धन, यश और सुख की साधना करना है।

बिहारी के श्रृंगार वर्णनों में 'देह' की केन्द्रीय भूमिका है। अतः सतसई में वर्णित प्रेम का आधार रूपासक्ति है।

बिहारी के श्रृंगार वर्णनों की मुख्य विशेषता है, उनका अनुभाव केन्द्रित होना। अनुभावों की सघनता के कारण ही बिहारी के श्रृंगार वर्णन बेहद बिम्बात्मक और सजीव हो उठे हैं।

बिहारी सतसई में भक्ति भावना और सामाजिक चेतना से युक्त रचनाएँ भी हैं।

शब्दों की तराश, उपयुक्त व्याकरणिक व्यवस्था नादात्मकता, चित्रात्मकता बिहारी के भाषा की मुख्य विशेषताएँ हैं।

श्लेष, यमक, अत्योक्ति और विरोधाभास का अनूठा प्रयोग बिहारी ने किया है।

रीतिमुक्त/रीति स्वच्छन्द काव्यधारा

इसके अन्तर्गत वे कवि आते हैं जिन्होंने न तो लक्षण ग्रन्थ परम्परा का पालन किया, न ही काव्यशास्त्रीय पद्धतियों का परोक्ष अनुसरण। लक्षण ग्रन्थों की परम्परा से मुक्त रहने के कारण ही इन्हें रीतिमुक्त नाम दिया गया।

रीतिकाव्य की ही तरह रीतिमुक्त काव्यधारा दरबार के भीतर विकसित हुई। दोनों का केन्द्रीय विषय भी श्रृंगार है और दोनों ने ब्रजभाषा का प्रयोग किया है। लेकिन दोनों में बुनियादी अन्तर दृष्टिकोण का है।

कविता के प्रति अपने विशिष्ट दृष्टिकोण के कारण ही रीतिमुक्त कवियों ने कविता को 'साध्य' माना है, न कि धन या यश कमाने का साधन।

कविता के प्रति अपने सजग दायित्वबोध के कारण रीतिमुक्त कवियों ने आश्रयदाताओं की प्रशंसा की बजाय अपनी गहन प्रेम की अनुभूतियों की अभिव्यक्ति के लिए रचना की है।

रीतिमुक्त कवियों का प्रेम वर्णन उदात्त और पीड़ादायक है न कि वासनाजन्य और क्रीड़ापरक।

रीतिमुक्त कवियों के प्रेम वर्णनों में विरह की प्रधानता है।

रीतिमुक्त काव्यधारा पर फारसी परम्परा का प्रभाव भी आलोचकों ने माना है।

रीतिमुक्त कवियों ने अनुभूति के आधार पर अपने काव्य की रचना की है। अतः भावगत मार्मिकता पर ध्यान देते हुए इन्होंने सजग अलंकृति का खंडन किया है।

प्रमुख कवि

घनानन्द (1673 ई.-1761 ई.)

- रीतिमुक्त काव्यधारा में घनानन्द का सर्वोच्च स्थान है।
- मुगल बादशाह मुहम्मद शाह 'रंगीला' के दरबार में 'मीर मुंशी' के पद पर प्रतिष्ठित थे।
- ये सुजान नामक वेश्या से प्रेम करते थे। इसी कारण इनको दिल्ली दरबार से निष्कासित होना पड़ा था। निष्कासन के पश्चात इन्होंने वृन्दावन जाकर निम्बार्क सम्प्रदाय में दीक्षा ग्रहण कर ली एवं शेष जीवन कृष्ण भक्ति में व्यतीत किया।
- अहमदशाह अब्दाली के दूसरे आक्रमण के दौरान इनकी हत्या हो गई थी।
- इनकी रचनाओं की संख्या 39 बताई जाती है। इनमें प्रमुख हैं—'सुजानहित', 'वियोग बेलि', 'इश्कलता', 'ब्रज-विलास', 'प्रेम पत्रिका', विरहलीला आदि।
- इनकी कविताओं में मुख्यतः दो भाव 'प्रेम और भक्ति' उपलब्ध होते हैं।
- घनानन्द मूलतः वियोग के कवि हैं। वियोग वर्णन की अधिकता के कारण रामचन्द्र शुक्ल ने इन्हें 'प्रेम की पीर' का कवि माना है, तो रामधारी सिंह दिनकर ने 'विरह को घनानन्द की पूँजी' कहा है।
- 'सुजानहित' विशुद्ध ब्रजभाषा में लिखित रचना है। इसीलिए घनानन्द को 'ब्रजभाषा प्रवीन' और 'भाषा प्रवीन' कहा गया है।

- डॉ. बच्चन सिंह के अनुसार घनानन्द की रचनाओं में मुख्यतः पाँच विशेषताएँ मिलती हैं—
    (i) जीवन के प्रति गहरी रागात्मकता
    (ii) ब्रजभाषा की प्रवीणता
    (iii) भावना-भेद की पहचान
    (iv) सौन्दर्य भेद की अभिज्ञता
    (v) स्वच्छन्द जीवन की अभिव्यक्ति
- घनानन्द की रचनाओं में प्रयुक्त 'सुजान' शब्द को श्लिष्ट माना जाता है। इस शब्द को कृष्ण और सुजान वेश्या दोनों के अर्थ में ग्रहण किया जाता है।
- रामचन्द्र शुक्ल ने घनानन्द को साक्षात् रसमूर्ति भी कहा है।

ठाकुर (1774 ई.-1823 ई.)

'ठाकुर ठसक' का 'ठाकुर शतक' इनकी रचनाओं का संकलन है।

आलम : 'आलमकेलि' इनकी कविताओं के संग्रह का नाम है।

बोधा : 'विरहवारीश' और 'इश्कनाम' इनकी दो प्रसिद्ध रचनाएँ हैं।

रीतिइतर काव्य

(1) रीतिकालीन वीरकाव्य

- इस धारा के कवि मुख्यतः दो परम्पराओं से जुड़े थे—पहली परम्परा उन रीतिबद्ध कवियों की थी जो अपने राजाओं की वीरता की अतिशयोक्तिपूर्ण प्रशंसा करते थे। जैसे-पद्माकर।
- दूसरे वर्ग में वे कवि आते हैं जो मुगल शासन के विरुद्ध लड़नेवाले राजाओं के साथ थे। इस वर्ग में भूषण, लाल आदि कवि गिने जाते हैं। इनके काव्य को कहीं-कहीं 'देशभक्ति का काव्य' कहा गया है।
- यह काव्यधारा वीरता के अतिशयोक्तिपूर्ण वर्णनों में आदिकाल की वीरगाथा परम्परा के समान प्रतीत होता है। हालाँकि रीतिकालीन वीरकाव्य में वीरता सोद्देश्य है, रूपप्रयोजन है।

प्रमुख रचनाएँ

शिवराजबावनी	-	भूषण
छत्रसाल प्रकाश	-	लाल कवि
चंडी चरित्र	-	गुरु गोविन्द सिंह

(2) रीतिकालीन भक्तिकाव्य

- भक्तिकालीन काव्यधारा की चारों परम्पराएँ रीतिकाल में बची रहीं।
- संतकाव्यधारा में यारी साहब, दरिया साहब, पलटू साहब आदि कवि हुए।
- संतकाव्यधारा पर रीतिवादी मानसिकता का असर बिलकुल नहीं दिखाई देता है।
- रीतिकाल की संतकाव्यधारा में नारी को अत्यधिक सम्मान दिया गया है।
- रीतिकाल की सूफी काव्यधारा में नूर मुहम्मद तथा कासिमशाह प्रमुख कवि हैं।
- रीतिकाल में कई हिन्दू कवियों ने प्रेमाख्यानक रचनाएँ लिखीं। इनमें दुखहरन दास सबसे प्रसिद्ध रहे।
- भक्तिकाल की दोनों सगुण धाराएँ भी रीतिकाल में बनी रहीं, किन्तु दोनों में भक्ति वाला पवित्र भाव कम दिखता है, सामंती विलास और रीतिवादी श्रृंगार ज्यादा नजर आता है।

रीतिकालीन राम काव्यधारा की रचनाएँ

रामचन्द्रिका	-	केशवदास
कवित्त रत्नाकर	-	सेनापति
अध्यात्म रामायण	-	गोविन्द सिंह

रीतिकालीन कृष्ण काव्यधारा की प्रमुख रचनाएँ

कृष्ण चन्द्रिका	-	गुमान मिश्र
रसविलास	-	ब्रजवासीदास
माधुर्यलहरी	-	कृष्णदास

रीतिकालीन नीतिकाव्य

- इस धारा के कवियों ने धर्म और भक्ति से तटस्थ रहते हुए नीतिपरक काव्य की रचना की।
- लोकजीवन की सहज अभिव्यक्ति इस धारा की कविताओं में काफी मात्रा में हुई है।
- एक पंक्ति में सिद्धान्त कथन तथा दूसरी पंक्ति में लोकजीवन का उदाहरण इनकी विशिष्ट शैली है। वृन्द और गिरिधर कविराय इस धारा के प्रसिद्ध कवि हैं।
- इस धारा के कवियों ने मुख्यतः दोहा छन्द का प्रयोग किया है।

रीतिकाल के प्रमुख रचनाकार एवं रचनाएँ

रचनाकार	रचना/रचनाकाल	वर्ण्य विषय
कृपाराम	हिततरंगिणी (1541 ई.)	नायिका भेद विवेचन काव्यदोष,
केशवदास	कविप्रिया (1601 ई.)	कवियों के गुण-दोष, अलंकार, बारहमासा आदि
	रसिक प्रिया (1591 ई.)	रस एवं नायिका भेद
	वीरदेव सिंह चरित (1607 ई.)	ओरछा नरेश राजवीर सिंह देव बुन्देल का चरित्र
	रतनबावनी (1607 ई.)	मधुकरशाह के पुत्र रत्नसेन के वीरोत्साह का वर्णन
	जहाँगीर जस-चन्द्रिका (1612 ई.)	जहाँगीर की प्रशस्ति
	विज्ञानगीता (1610 ई.)	संस्कृत 'प्रबोधचन्द्रोदय' का पद्यानुवाद
चिन्तामणि	रसविलास (1630-80 ई.)	भानुदत्त की 'रसमंजरी' और 'रसतरंगिणी' तथा विश्वनाथ के साहित्य दर्पण का प्रभाव है।
	शृंगारविलास (1630-80 ई.)	नायिका भेद विवेचन
	कविकुल कल्पतरु (1630-80 ई.)	सर्वांगनिरूपक विवेचन
	रामायण (1630-80 ई.)	रामकथा वर्णन
	रामाश्वमेध (1630-80 ई.)	रामकथा का अश्वमेध प्रसंग
	छन्दविचार पिंगल (1630-80 ई.)	कृष्ण चरित्र के माध्यम से छन्द—विवेचन

सुखदेव मिश्र	रस रत्नाकर (1633-1703 ई.)	रसविवेचन
	रसार्णव (1633-1703 ई.)	नवरस वर्णन
	वृत्त विचार (1633-1703 ई.)	छन्द-विवेचन
	अध्यात्म प्रकाश (1633-1703 ई.)	शंकराचार्य के आध्यात्मिक विचारों का विवेचन
कुलपति मिश्र	रस रहस्य (1660-1700 ई.)	सर्वांगनिरूपण
	संग्राम सार (1660-1700 ई.)	महाभारत के द्रोण पर्व का पद्यबद्ध अनुवाद
देव	भाव विलास (1689 ई.)	नवरस और अलंकार विवेचन
	शब्द रसायन (1689-1767 ई.)	काव्य रूप, शब्द शक्ति, रस, नायक-नायिका भेद रीति, गुण आदि विवेचन
	काव्य रसायन सुख सागर तरंग (1689-1767 ई.)	नायक-नायिका भेद, श्रृंगार रस के कवित्त सवैया
	अष्टयाम (1689-1767 ई.)	नायक-नायिकाओं के आठों पहर के विलासों का वर्णन
मतिराम	ललित ललाम (1661-64 ई.)	अलंकार विवेचन
	रसराज (1633-43 ई.)	श्रृंगार रस विवेचन
	मतिराम सतसई (1681 ई.)	श्रृंगार रस विषयक दोहा ग्रन्थ
	छन्दसार संग्रह (वृत्तकौमुदी) (1701 ई.)	छन्द विवेचन
तोष कवि	सुधानिधि (1634 ई.)	सर्वरस निरूपण
जसवन्त सिंह	भाषा भूषण (1650-85 ई.)	अलंकार, रस, नायिका भेद विवेचन
	प्रबन्ध चन्द्रोदय (1650-85 ई.)नाटक	संस्कृत के प्रबन्ध चन्द्रोदय नाटक का ब्रजभाषा में पद्यानुवाद
सोमनाथ	रस पीयूष निधि (1737 ई.)	सर्वांग निरूपण
	श्रृंगार विलास (1725-60 ई.)	श्रृंगार रस, नायक-नायिका भेद का विवेचन
	सुजान विलास (1730 ई.)	सिंहासन बत्तीसी का पद्यानुवाद
	पंचाध्यायी	प्रबन्धकाव्य
	माधव विनोद (नाटक) (1752 ई.)	मालती माधव के आधार पर रचित प्रेम प्रबन्ध

भिखारीदास	काव्य निर्णय (1725-60 ई.)	काव्यप्रयोजन, काव्यहेतु, शब्दशक्ति, गुण-दोष आदि का विवेचन
	रससारांश (1725-60 ई.)	नवरस विवेचन
	श्रृंगार निर्णय (1725-60 ई.)	नायक-नायिका भेद
	छन्दोर्णवपिंगल (1725-60 ई.)	छन्द निरूपण ग्रन्थ
	शब्दनाम कोश (1725-60 ई.)	शब्दकोश
	विष्णुपुराण (1725-60 ई.)	विष्णुपुराण का भाषानुवाद
	शतरंज शतिका (1725-60 ई.)	शतरंज खेल सम्बन्धी
भूषण	शिवराज भूषण (1673 ई.)	शिवाजी की प्रशस्ति एवं अलंकार निरूपण
	शिवाबावनी	शिवाजी की प्रशस्ति
	छत्रसाल दशक	छत्रसाल की प्रशस्ति
पद्माकर	पद्माभरण (1810 ई.)	अलंकारों का विवेचन
	जगद्विनोद (1803-21 ई.)	नवरस विवेचन, नायक-नायिका भेद
	प्रबोधपचासा (1803-21 ई.)	संसार की जटिलता और क्षणभंगुरता का वर्णन
	गंगालहरी (1803-21 ई.)	गंगाजी पर स्तुति
	राम-रसायन (1803-21 ई.)	रामकथा पर आधारित ग्रन्थ
	हिम्मत बहादुर विरुदावली (1792 ई.)	आश्रयदाता हिम्मत बहादुर की वीरता का ओजपूर्ण वर्णन
	प्रताप सिंह विरुदावली (1803-21 ई.)	राज प्रताप सिंह की वीरता का वर्णन
मुरलीधर भूषण	छन्दोहृदय प्रकाश (1666 ई.)	विस्तृत एवं व्यवस्थित छन्द—विवेचन
कालिदास त्रिवेदी	वरवधू विनोद (1662 ई.)	नख-शिख तथा नायिका-भेद विवेचन
कुमारमणि	रसिकरंजन (1708 ई.)	संस्कृत काव्य का सूक्ति संग्रह
	रसिकरसाल (1719 ई.)	काव्यांग विवेचन
लाल कवि	छत्रप्रकाश	राजा छत्रसाल का जीवन-चरित्र (दोहा-चौपाई में)
दूलह	कविकुल कण्ठाभरण	115 अलंकारों का विवेचन

रसलीन	अंग दर्पण (1737 ई.)	नख-शिख वर्णन
	रसप्रबोध (1742 ई.)	रस के अंगों का विस्तृत वर्णन
रसिक गोविन्द	गोविन्दानन्दघन (1801 ई.)	रस के लक्षण, नायक-नायिका भेद, गुण, दोष, अलंकार-विवेचन
	पिंगल	छन्द-विवेचन
जगत सिंह	साहित्य सुधानिधि	काव्य का सर्वांगनिरूपण
	कविता रस विनोद	काव्य का सर्वांगनिरूपण
	काम कल्पतरु (1891)	आयुर्वेद से सम्बन्धित
गोप कवि	रामचन्द्रभूषण	अलंकार-विवेचन
	रामचन्द्राभरण	ओरछा नरेश पृथ्वी सिंह के आश्रय में अलंकार निरूपण
प्रताप साही	व्यंग्यार्थ कौमुदी (1825 ई.)	व्यंग्यार्थ महत्त्व, शब्द-शक्ति, अलंकार, नायक-नायिका भेद
	काव्य विलास (1829 ई.)	काव्य लक्षण, काव्य प्रयोजन, काव्य हेतु, काव्य भेद, शब्द—शक्ति, गुण-दोष निरूपण
ग्वाल कवि	साहित्यानन्द (1824 ई.)	काव्य का सर्वांगनिरूपण
	कवि दर्पण	काव्य-दोष
	रसिकानन्द (1847 ई.)	नायक-नायिका भेद, रस विवेचन
	प्रस्तार प्रकाश	छन्द-निरूपण
	यमुना लहरी (1822 ई.)	यमुना की स्तुति
	गोपी पच्चीसी	प्रबन्ध काव्य
	विजय विनोद	प्रबन्ध काव्य
	हम्मीर हठ (1824 ई.)	हम्मीर की वीरता का वर्णन
	भक्त भावन (1862 ई.)	भक्ति, शृंगार और नीति सम्बन्धी रचनाओं का संग्रह
बेनी प्रवीन	नवरस तरंग (1817 ई.)	नवरस विवेचन
अमीरदास	ब्रजविलास सतसई (1832 ई.)	शृंगार, भक्ति, नीति विषयक 701दोहों का संकलन
	सभामंडन (1827 ई.)	काव्य प्रयोजन, काव्य हेतु, काव्य भेद, शब्दार्थ-वृत्ति, ध्वनि, भाव, रस, गुण, नायक-नायिका भेद
	वृत्त चन्द्रोदय (1830 ई.)	40 मात्रिक और 61 वर्णिक छन्दों का निरूपण

	श्रीकृष्ण साहित्य सिन्धु	पाँच तरंगों में काव्य स्वरूप, शब्द-शक्ति, ध्वनि भेद, रस, नायक-नायिका भेद, दोष, अलंकार आदि का निरूपण
	शेर सिंह प्रकाश (1840 ई.)	पाँच शब्दालंकार और 65 अर्थालंकारों के विवेचन में शेरसिंह की प्रशस्ति
याकूब खाँ	रसभूषण (1812 ई.)	नायक-नायिका भेद, नवरस विवेचन
सूदन	सुजानचरित	भरतपुर नरेश सुजान सिंह की वीर प्रशस्ति
जोधराज	हम्मीर रासो (1818 ई.)	महाराजा हम्मीर के चरित्र का छप्पय पद्धति में वर्णन
हरिनाथ	अलंकार दर्पण	86 दोहों में अलंकारों के लक्षण और 40 छन्दों में सभी लक्षणों के उदाहरण
चन्द्रशेखर बाजपेयी	हम्मीर हठ	हम्मीर की शौर्यगाथा
	रसिक विनोद (1886 ई.)	नवरस विवेचन
	नख-शिख	राधाजी के नख-शिख का रूप वर्णन
माखन कवि	छन्द विलास (1702 ई.)	छन्द विवेचन
बिहारी	बिहारी सतसई (1662 ई.)	अलंकार, रस, भाव, नायिका भेद आदि को ध्यान में रखकर दोहों की रचना
सेनापति	कवित्त रत्नाकर (1649 ई.)	श्लेष अलंकार, श्रृंगार, ऋतु वर्णन, रामचरित और रामभक्ति वर्णन। इसमें पाँच तरंग और तीन सौ चौरानबे छन्द हैं।
	काव्यकल्पद्रुम	यह ग्रन्थ अप्राप्य है। अनेक विद्वान 'काव्यकल्पद्रुम' और 'कवित्त-रत्नाकर' को एक ही काव्यकृति मानते हैं।

रसनिधि	रतन हजारा	बिहारी सतसई के अनुकरण पर शृंगार, भक्ति, नीति विषयक दोहे
कृष्ण कवि	सतसई की टीका (1725 ई.)	कवित्त, सवैया, छन्द में सतसई की टीका
नेवाज	शकुन्तला नाटक	यह नाटक न होकर काव्य ग्रन्थ है। इसमें भावों का मार्मिक चित्रण है।
हठीजी	श्रीराधा सुधाशतक (1780 ई.)	राधा के वर्णन में राजसी ठाट-बाट और विलास का वर्णन
द्विजदेव	शृंगार लतिका	रस, अलंकार, नायिका भेद के लक्षणों को ध्यान में रखकर उदाहरण प्रस्तुत किए गए हैं।
		वसंत पर रचित 33 पद्यों में हृदय की अन्तर्दशाओं का मार्मिक उद्घाटन
		रस, अलंकार, नायिका भेद के लक्षणों को ध्यान में रखकर उदाहरण प्रस्तुत किए गए हैं, शृंगार एवं प्रकृति वर्णन।
घनानन्द	सुजानहित	कवित्त-सवैयों में लौकिक शृंगार वर्णन
	इश्कलता	पंजाबी और उर्दू शब्दों का आधिक्य, प्रेम के उदात्त रूप का वर्णन, विषय-विप्रलम्भ, शृंगार एवं वियोग
	वियोगवेलि	शृंगार की सभी अवस्थाओं का चित्रण
	प्रीतिपावस	वर्षा-वर्णन
	यमुनायश	यमुना माहात्म्य
	वृन्दावनसत	वृन्दावन माहात्म्य
	प्रेम-पत्रिका	श्रीकृष्ण के नाम पद्यबद्ध पत्र
	सरस वसंत	एक लम्बी कविता है।
	पदावली	श्रीकृष्ण-विनय-भक्ति के पद,

		गो-चारण, वंशीवादन, होली, रास सम्बन्धी पद
	कृष्णकौमुदी	श्रीकृष्ण की लीलाओं का वर्णन
आलम	माधवानलकामकन्दकला	प्रेमाख्यानक प्रबन्ध काव्य
	आलमकेलि	लौकिक प्रेम की भावनात्मक और परम्परामुक्त अभिव्यक्ति। इसका मूल वर्ण्य शृंगार और भक्ति है।
	श्यामसनेही	प्रबन्ध काव्य, रुक्मिणी के विवाह का वर्णन
	सुदामाचरित	कृष्णभक्तिपरक काव्य
बोधा	विरहवारीश	माधवानल कामकन्दला की प्रेमकथा बोधा और सुभान के संवाद के रूप में है।
	विरही सुभान दम्पति विलास (इश्कनामा)	प्रेम विषयक मुक्तक-संग्रह
ठाकुर	ठाकुर ठसक	प्रेम के पंथ को वर्ण्य विषय बनाकर उसका स्वच्छन्द वर्णन
	ठाकुर शतक	प्रेम का स्वच्छन्द वर्णन
गिरिधर कविराय	कुण्डलियाँ (1743 ई.)	नीति विषयक कुण्डलियाँ
वृन्द	वृन्दसतसई (1704 ई.)	नीतिपरक दोहे
	भावपंचशिका (1680 ई.)	शृंगार के विभिन्न भावों के अनुसार सरस छन्द
	बारहमासा (1668 ई.)	बारह महीनों का सुन्दर वर्णन
	शृंगार शिक्षा (1691 ई.)	आभूषण और शृंगार के साथ नायिका वर्णन
	नयनपचीसी (1686 ई.)	नेत्रों द्वारा विभिन्न भावों का चित्रण
	पवनपचीसी (1691 ई.)	षड्ऋतुओं का स्वरूप और प्रभाव
	यमकसतसई (1706 ई.)	शृंगार और भक्तिपरक छन्दों में यमक अलंकार का विवेचन
रामसहाय दास	रामसतसई	'बिहारी सतसई' के अनुकरण पर सतसई ग्रन्थ
दीनदयाल गिरि	अन्योक्तिकल्पद्रुम	लौकिक विषयों पर अन्योक्तियाँ

	अनुराग बाग	कृष्ण वियोग में श्लेषमय ऋड्ऋतुओं का वर्णन
	दृष्टान्त तरंगिणी	पंचतन्त्र पर आधारित नीतिपरक छन्द
बैताल	विक्रमसतसई	नीतिपरक कुण्डलियाँ
रहीम	बरवै नायिका-भेद	बरवै छन्द में नायिका भेद
	नगरशोभा	विभिन्न जाति की नायिकाओं का वर्णन
विश्वनाथ सिंह	आनन्द रघुनन्दन	ब्रजभाषा का प्रथम नाटक
रघुराज सिंह	रामस्वयंवर	रामकथा पर आधारित प्रबन्ध—काव्य

आधुनिक काल के प्रमुख रचनाकार एवं रचनाएँ

काव्य-ग्रंथ

लेखक	रचनाएँ
भारतेन्दु हरिश्चन्द्र	प्रेममालिका, प्रेम सरोवर, गीत गोविन्दानन्द, वर्षा विनोद, प्रेम विनय पचासा, प्रेम फुलवारी, वेणुगीत
श्रीधर पाठक	भारतोत्थान, भारत प्रशंसा, जॉर्जवन्दना, बालविधवा, वनाष्टक (1912), कश्मीर सुषमा (1904), देहरादून (1915), भारतगीत (1928) गोखले गुनाष्टक (1915), धन विनय (1900), गुनवंत हेमंत (1900)
अयोध्यासिंह उपाध्याय 'हरिऔध'	प्रियप्रवास (1914), पद्यप्रसून (1925), रसकलश (1931), चुभते चौपदे, चोखे चौपदे (1932), बोलचाल, वैदेही वनवास (1940)
मैथिलीशरण गुप्त	रंग में भंग (1905), जयद्रथ वध (1910), भारत-भारती (1912), पंचवटी (1925), झंकार (1929), साकेत (1931), यशोधरा (1932), द्वापर (1936), जयभारत (1952), विष्णुप्रिया (1957)
रामनरेश त्रिपाठी	मिलन (1917), पथिक (1920), मानसी (1927), स्वप्न (1929)
मुकुटधर पाण्डेय	पूजा-फूल (1916), शैलबाला (1916), लच्छमा (1917), परिश्रम (1917), हृदयदान (1918)
जगन्नाथ दास रत्नाकर	उद्धवशतक (1929), गंगावतरण (1923),

	शृंगार लहरी, हरिश्चन्द्र, हिंडोला (1894), रत्नाष्टक, गंगालहरी, विष्णुलहरी
बालकृष्ण शर्मा 'नवीन'	उर्मिला (1957), कुंकुम (1939), अपलक, रश्मि रेखा, क्वासि, हम विषपायी जनम के
सुभद्रा कुमारी चौहान	'त्रिधारा' और 'मुकुल' (1930) में कविताएँ संकलित हैं, 'वीरों का कैसा हो वसंत' और 'झाँसी की रानी कविता' अति प्रसिद्ध हैं, 'मेरा नया बचपन', 'बालिका का परिचय' और 'इसका रोना' कविताओं में घरेलू जीवन के मनोरम दृश्य हैं।
जयशंकर प्रसाद	उर्वशी (1909), वनमिलन (1909), प्रेमराज्य (1909), अयोध्या का उद्धार (1910), शोकोच्छ्वास (1910), वभ्रुवाहन (1911), कानन कुसुम (1913), प्रेम-पथिक (1913), करुणालय (1913), महाराणा का महत्त्व (1914), झरना (1918), आँसू (1925), लहर (1933), कामायनी (1935)
सुमित्रानन्दन पन्त	(छायावादी) गिरजे का घण्टा (1916), उच्छ्वास (1920), ग्रन्थि (1920), वीणा (1918), पल्लव (1926), गुंजन (1932), प्रगतिवादी-युगान्त (1936), युगवाणी (1939), ग्राम्या (1940) (अध्यात्मवादी या दार्शनिक) स्वर्णकिरण (1947), स्वर्णधूलि (1947), युगान्तर (1948), उत्तरा (1949), रजत शिखर (1951), शिल्पी (1952), अतिमा (1955), सौवर्ण (1957), वाणी (1958), कला और बूढ़ा चाँद, लोकायतन (1964)
सूर्यकान्त त्रिपाठी 'निराला'	अनामिका (1923), परिमल (1929), तुलसीदास (1934), गीतिका (1936), कुकुरमुत्ता (1942), अणिमा (1943), बेला (1943), अपरा (1946), नए पत्ते (1946), अर्चना (1950), आराधना (1953), गीतगुंज (1954), सांध्य-काकली (मरणोपरान्त)

	1954 से 1958 तक की रचनाओं का संकलन। राम की शक्ति पूजा, शिवाजी का पत्र, वन बेला, सरोज-स्मृति लम्बी कविताएँ हैं। मास्कोडायलाग्स, गर्म पकौड़ी, प्रेम संगीत व्यंग्य कविताएँ हैं। 'तुलसीदास', 'खंड काव्य' तथा 'पंचवटी प्रसंग' काव्य नाटक हैं।
महादेवी वर्मा	नीहार (1930), रश्मि (1932), नीरजा (1935), संध्यागीत (1936), यामा (1936), दीपशिखा (1942), सप्तपर्णा (1960)
माखनलाल चतुर्वेदी	हिमकिरीटिनी (1943), हिमतरंगिनी (1949), माता (1951), युगचरण (1956), समर्पण, वेणु लो गूँजे धरा (1960), मरण-ज्वार (1963), बीजुरी काजल आँज रही
रामधारी सिंह 'दिनकर'	रेणुका (1935), हुंकार (1938), सामधेनी (1947), कलिंग विजय, मेरे स्वदेश, रसवन्ती, द्वन्द्वगीत, कुरुक्षेत्र, उर्वशी, रश्मिरथी, परशुराम की प्रतीक्षा, इतिहास के आँसू, धूप और धुआँ, दिल्ली, नीम के पत्ते, नील कुसुम, नए सुभाषित, कोयला और कवित्व, हारे को हरिनाम
सच्चिदानन्द हीरानन्द वात्स्यायन	भग्नदूत (1933), चिन्ता (1942), 'प्रयोगवादी काव्य संग्रह—
अज्ञेय'	इत्यलम् (1946), सावनमेघ, हरी-घास पर क्षणभर (1949), बावरा अहेरी (1954), इन्द्रधनुष रौंदे हुए ये (1957), अरी ओ करुणा प्रभामय (1959), आँगन के पार द्वार (1961), कितनी नावों में कितनी बार (1967), सागर मुद्रा, क्योंकि मैं उसे पहले जानता हूँ, पहले मैं सन्नाटा बुनता हूँ, महावृक्ष के नीचे, नदी की बांक पर छाया, असाध्यवीणा (अज्ञेय की लम्बी कविता है।)
गजानन माधव 'मुक्तिबोध'	चाँद का मुँह टेढ़ा है (1964), भूरी-भूरी खाकधूल (1980), अँधेरे में, ब्रह्मराक्षस,

	चम्बल की घाटी, उपकृत हूँ, नक्षत्र खंड, मेरे मित्र मेरे सहचर, ओ काव्यात्मन् फणिधर, एक अरूप शून्य के प्रति, विक्षुब्ध बुद्धि के मारक स्वर, एक नीली आग, जिन्दगी बुरादा तो बनेगी ही, लाल सलाम, क्रान्ति, सूखे कठोर नंगे पहाड़ इत्यादि चर्चित कविताएँ हैं।
नागार्जुन	युगधारा (1953), सतरंगे पंखों वाली (1959), प्यासी पथराई आँखें (1962), तालाब की मछलियाँ (1975), खिचड़ी, विप्लव देखा हमने (1980), तुमने कहा था (1980), पुरानी जूतियों का कोरस (1983), भस्मांकुर (1971), हजार-हजार बाँहों वाली (1981)
नरेश मेहता	मुक्तक काव्य-दूसरे सप्तक में संकलित कविताएँ, बनपाँखी सुनो (1954), बोलने दो चीड़ को (1962), मेरा समर्पित एकान्त (1963), उत्सव, तुम मेरा मौन हो (1982), अरण्या (1985) खंड काव्य-संशय की एक रात (1962), महाप्रस्थान (1965), प्रवाद-पर्व (1977), शबरी, प्रार्थना पुरुष (1986)
भवानी प्रसाद मिश्र	गीत फरोश (1930-45), चकित है दु:ख (65 कविताएँ), अँधेरी कविताएँ (1968), गांधी पंचशती (1969), बुनी हुई रस्सी (1971), खुशबू के शिलालेख (1973), व्यक्तिगत (1974)
सर्वेश्वरदयाल सक्सेना	काठ की घंटियाँ (1949-57), बाँस का पुल (1958-63), एक सूनी नाव (1963-66), गर्म हवाएँ (1966-69), कुआनो नदी (1969-73), जंगल का दर्द (1974-76), खूँटियों पर टँगे लोग (1976-81), कोई मेरे साथ चले (1985)
सुदामा प्रसाद पाण्डेय 'धूमिल'	संसद से सड़क तक (1972), कल सुनना मुझे (1976), सुदामा पाण्डेय का जनतन्त्र इनके काव्य संकलन हैं। बीस साल बाद,

	अकाल दर्शन, मोचीराम, कवि (1970), कुत्ता, मुनासिब कार्रवाई, प्रौढ़ शिक्षा, मकान, भाषा की रात, पटकथा, शहर का व्याकरण, सच्ची बात, हमारी-सम्भावनाओं के बीच इनकी ख्याति प्राप्त कविताएँ हैं।
धर्मवीर भारती	अन्धा युग (1954), कनुप्रिया (1959), ठण्डा लोहा (1946), सात गीत वर्ष (1996)
हरिवंश राय 'बच्चन'	मधुशाला (1935), मधुबाला, मधुकलश, निशा निमंत्रण (1938), एकान्त संगीत, आकुल अन्तर, सतरंगिनी, आज कितनी, प्रणय-पत्रिका (1955), वासनामय चाँदनी है, बंगाल का अकाल (1946), खादी के फूल, सूत की माला, बुद्ध और नाचघर (1958), त्रिभंगिमा (1961), चार खेमे चौंसठ खूँटे
केदारनाथ अग्रवाल	फूल नहीं रंग बोलते हैं (1965), आग का आईना (1970), देश-देश की कविताएँ (1978), गुलमेहँदी (1978), पंख और पतझर (1979), हे मेरी तुम (1981), मार प्यार की थापें (1981), कहें केदार खरी-खरी (1983), बम्बई का रक्त स्नान (1983), जमुनजल तुम (1984), अपूर्वा (1984), बोल-बोल अबोल (1985), जो शिलाएँ तोड़ते हैं (1985)
शमशेर बहादुर सिंह	'दूसरा सप्तक' में संकलित (21 कविताएँ), कुछ कविताएँ (1959), कुछ और कविताएँ (1961), चुका भी नहीं हूँ मैं (1975), बात बोलेगी (1981), इतने पास अपने (1985), काल तुझसे होड़ है मेरी (1988)
गिरिजाकुमार माथुर	मंजीर (1941), भाषा और निर्माण (1946), धूप के धान (1956), शिलापंख चमकीले (1961), जो बँध नहीं सका (1968), छाया मत छूना मत (1978), जन्म-कैद (रेडियो काव्य नाटक 1957), पृथ्वीकल्प आदि।
रघुवीर सहाय	सीढ़ियों पर धूप में (1960), आत्महत्या के

	विरुद्ध (1967), हँसो जल्दी हँसो (1975), बड़ी हो रही है लड़की, काला नंगा पैदल बच्चा, आज का पाठ है, लोग भूल गए हैं (1982), कुछ पते कुछ चिट्ठियाँ (1989), एक समय था (1994)
विजयदेव नारायण साही	मछलीघर (1966), साखी (1983), संवाद तुमसे (1990), आवाज हमारी जाएगी। (1995)
कुँवर नारायण	चक्रव्यूह (1956), परिवेश : हम-तुम (1961), आत्मजयी (आख्यानक खंडकाव्य 1965), कोई दूसरा नहीं (1993)
केदारनाथ सिंह	जमीन पक रही है, यहाँ से देखो, अकाल में सारस, बाघ, रोटी या बैल
डॉ. रामदरश मिश्र	पक गई धूप, कन्धे पर सूरज, दिन तक नदी बन गया
आलोक धन्वा	जनता का आदमी, गोली दागो पोस्टर
मंगलेश डबराल	घर का रास्ता, पहाड़ पर लालटेन

प्रसिद्ध निबन्धकार और उनके प्रमुख निबन्ध/निबन्ध-संग्रह

लेखक	रचनाएँ
भारतेन्दु हरिश्चन्द्र	कश्मीर-कुसुम, उदय पुरोदय, कालचक्र, बादशाह दर्पण, लेवी प्राण लेवी, तदीयसर्वस्व, जातीय संगीत, नाटकों का इतिहास, वैद्यनाथ की यात्रा, स्वर्ग में विचार सभा का अधिवेशन, जाति विवेचनी सभा, पाँचवें पैगम्बर, अंग्रेज स्तोत्र, कंकर स्तोत्र, वैष्णवता और भारतवर्ष, हिन्दी भाषा, सूर्योदय, एक अद्भुत अपूर्व स्वप्न, भ्रूण हत्या, रामायण का समय, काशी, मणिकर्णिका, अंग्रेजों से हिन्दुस्तानियों का जी क्यों नहीं मिलता, संगीत सार, नाटक, ईश्वर बड़ा विलक्षण है, भारतवर्ष की उन्नति कैसे हो सकती है?
बालकृष्ण भट्ट	चन्द्रोदय, संसार महानाटकशाला, प्रेम के बाग का सैलानी, साहित्य जनसमूह के हृदय का विकास है, शब्द की आकर्षण शक्ति, साहित्य का सभ्यता से घनिष्ठ सम्बन्ध है, इंगलिश पढ़े तो बाबू होय, आत्मनिर्भरता, कल्पना, मेला-ठेला, रोटी तो किसी भाँति कमा खाय मुछन्दर, बाल-विवाह, एक अनोखा स्वप्न, माता का स्नेह, कालचक्र का चक्कर, प्रतिभा, माधुर्य, आशा, आत्मगौरव, रुचि, भिक्षा-वृत्ति, ईश्वर भी क्या ठठोल है, स्त्रियाँ और उनकी शिक्षा, हमारे नये सुशिक्षितों में परिवर्तन।
प्रतापनारायण मिश्र	धोखा, दाँत, बालक, वृद्ध, आप, बात, खुशामद, भौं, नारी, मनोयोग, मुच्छ, परीक्षा, समझदार की

	मौत, ह, द, नास्तिक, टेढ़ जान शंका सब काहू, होली है अथवा होरी, ईश्वर की मूर्ति, घूरे क लत्ता बिनै, जुआ, सोने का डंडा, कनातन क डौल बाँधे, अपव्यय, दान।
महावीरप्रसाद द्विवेदी	सम्पत्तिशास्त्र, रसज्ञ रंजन, लेखांजलि, नाट्य-शास्त्र, उपन्यास रहस्य, आगरे की शाही इमारतें, कालिदास के समय का भारत, दंडदेव का आत्मनिवेदन, भाषा और व्याकरण, कवि और कविता, महाकवि माघ का प्रभात वर्णन, दमयन्ती का चन्द्रोपालम्भ, कवि बनने के लिए सापेक्ष साधन, म्युनिसिपैलिटी के कारनामे, सुधापराधे जनकस्य दंडः, आत्मनिवेदन, प्रभात, नेपाल।
सरदार पूर्णसिंह	आचरण की सभ्यता, मजदूरी और प्रेम, सच्ची वीरता, कन्यादान, पवित्रता।
बदरीनारायण चौधरी 'प्रेमघन'	नेशनल कांग्रेस की दुर्दशा, भारतीय प्रजा के दुःख की दुहाई और ढिठाई पर गवर्नमेंट की कड़ाई, बनारस का बुढ़वा मंगल, दिल्ली दरबार में मित्र मंडली के यार।
बाबू श्यामसुन्दर दास	समाज और साहित्य, कला का विवेचन, कर्तव्य और सभ्यता, साहित्यालोचन।
पद्म सिंह शर्मा	मुझे मेरे मित्रों से बचाओ, दयानन्द सरस्वती मर गए, हिन्दी के प्राचीन साहित्य का उद्धार।
आचार्य रामचन्द्र शुक्ल	भय और क्रोध, ईर्ष्या, घृणा, उत्साह, श्रद्धाभक्ति, करुणा, लज्जा और ग्लानि, लोभ और प्रीति इत्यादि, चिन्तामणि (तीन भागों में संकलित)।
गुलाब राय	ठलुआ क्लब, फिर निराश क्यों, मेरी असफलताएँ, मन की बातें, मेरा मकान, मेरे नपिताचार्य, मेरी दैनिकी का एक पृष्ठ, प्रीति-भोज इत्यादि।
चन्द्रधर शर्मा 'गुलेरी'	कछुवा धर्म, मारेसि मोहिं कुठांव, अमंगल के स्थान विक्रमोर्वशी की मूल कथा।
पदुमलाल पुन्नालाल बख्शी	अतीत स्मृति, उत्सव, श्रद्धांजलि के दो फूल आदि।
माखनलाल चतुर्वेदी	अमीर इरादे गरीब इरादे (1960), साहित्य देवता।
रामवृक्ष बेनीपुरी	माटी की मूरतें (1941-45), वन्दे वाणी विनायकौ (1953-54), गेहूँ और गुलाब (1950)।

इलाचन्द्र जोशी	साहित्य सर्जना (1938), विवेचना (1943), विश्लेषण (1953), साहित्य चिन्तन (1934), देखा-परखा (1957)।
यशपाल	न्याय का संघर्ष (1940), बात-बात में बात (1950), देखा-सोचा-समझा (1951) आदि।
हजारीप्रसाद द्विवेदी	अशोक के फूल (1948), कल्पलता (1951), मध्यकालीन धर्मसाधना (1952), विचार और वितर्क (1957), विचार प्रवाह (1959), कुटज (1964), साहित्य सहचर (1965), आलोकपर्व (1972)।
जैनेन्द्र	प्रस्तुत प्रश्न (1936), जड़ की बात (1945), पूर्वोदय (1951), साहित्य का श्रेय और प्रेय (1953), मन्थन (1953), सोच-विचार (1953), काम, प्रेम और परिवार (1953), इतस्तत: (1963), समय और हम (1964), परिप्रेक्ष्य (1977), साहित्य और संस्कृति (1979)।
आचार्य नन्ददुलारे बाजपेयी	हिन्दी साहित्य : बीसवीं शताब्दी (1942), आधुनिक साहित्य (1950), नया साहित्य नए प्रश्न (1955), राष्ट्रभाषा की समस्याएँ (1961), नई कविता (1976), रस सिद्धान्त (1977), हिन्दी साहित्य का आधुनिक युग (1978), आधुनिक साहित्य : सृजन और समीक्षा (1978), रीति और शैली (1979)।
कन्हैयालाल मिश्र 'प्रभाकर'	नई पीढ़ी नए विचार (1950), जिन्दगी मुस्कराई (1954), बाजे पायलिया के घुँघरू (1957), माटी हो गई सोना (1957), महके आँगन चहके द्वार, क्षण बोले कण मुस्काए, अनुशासन की राह में, जिन्दगी लहलहाई।
महादेवी वर्मा	श्रृंखला की कड़ियाँ (1942), क्षणदा (1957), साहित्यकार की आस्था तथा अन्य निबन्ध (1964), सम्भाषण (1975), भारतीय संस्कृति के स्वर (1984), संकल्पिता (1968)।
रामधारी सिंह 'दिनकर'	मिट्टी की ओर (1946), अर्द्धनारीश्वर (1952), रेती के फूल (1954), हमारी सांस्कृतिक एकता (1956), वेणुवन (1958), उजली आग (1956),

	राष्ट्रभाषा और राष्ट्रीय एकता (1956), धर्म नैतिकता और विज्ञान (1959), वटपीपल (1961), साहित्यमुखी (1968), आधुनिकता बोध (1973)।
डॉ. सम्पूर्णानन्द	स्फुट विचार (1953), भाषा की शक्ति तथा अन्य निबन्ध, चिद् विलास, जीवन और दर्शन, पृथ्वी, ज्योतिर्विनोद, शिक्षा का उद्देश्य, समाजवाद, आर्यों का आदि देश।
अज्ञेय	त्रिशंकु (1945), सबरंग कुछ राग (1956), आत्मनेपद (1960), आलबाल (1971), लिखि कागद कोरे (1972), अद्यतन (1977), जोग लिखी (1977), स्रोत और सेतु (1978), युग सन्धियों पर (1982), धार और किनारे (1982), कहाँ है द्वारका (1982), छाया का जंगल (1984), सर्जना और सन्दर्भ (1985), स्मृति छन्दा (1989), संवत्सर, भवंति।
डॉ. रामविलास शर्मा	प्रगति और परम्परा (1949), साहित्य और संस्कृति (1949), भाषा साहित्य और संस्कृति (1954), प्रगतिशील साहित्य की समस्याएँ (1954), लोक जीवन और साहित्य (1955), स्वाधीनता और राष्ट्रीय साहित्य (1956), आस्था और सौन्दर्य (1961), साहित्य-स्थायी मूल्य और मूल्यांकन (1981), भारतेन्दु युग और हिन्दी भाषा की विकास परम्परा (1985), परम्परा का मूल्यांकन (1981), भाषा युगबोध और कविता (1981), कथा विवेचन और गद्यशिल्प (1982), विरामचिह्न (1985)।
डॉ. विजयेन्द्र स्नातक	चिन्तन के क्षण (1966), विचार के क्षण (1970), विमर्श के क्षण (1979)।
डॉ. नगेन्द्र	विचार और अनुभूति (1949), आधुनिक हिन्दी कविता की मुख्य प्रवृत्तियाँ (1951), विचार-विश्लेषण (1955), विचार और विवेचन (1959), अनुसन्धान और आलोचना (1961), आलोचक की आस्था (1966), आस्था के चरण (1968)।
प्रभाकर माचवे	सन्तुलन (1954), खरगोश के सींग (1951), बेरंग (1955)।

निर्मल वर्मा	चीड़ों पर चाँदनी (1964), हर बारिश में (1970), शब्द और स्मृति (1976), कला का जोखिम (1981), ढलान से उतरते हुए (1985), भारत और यूरोप प्रतिश्रुति के क्षेत्र (1991), शताब्दी के ढलते वर्षों में (1995), दूसरे शब्दों में (1997), आदि अन्त और आरम्भ (2001)।
हरिशंकर परसाई	पगडंड़ियों का जमाना (1966), जैसे उनके दिन फिरे (1963), सदाचार की तावीज (1967), शिकायत मुझे भी है (1970), ठिठुरता हुआ गणतंत्र (1970), अपनी-अपनी बीमारी (1972), वैष्णव की फिसलन (1967), विकलांग श्रद्धा का दौर (1980), भूत के पाँव पीछे, बेईमानी की परत, सुनो भाई साधो (1983), तुलसीदास चन्दन घिसे (1986), कहत कबीर (1987), हँसते हैं रोते हैं, तब की बात और थी, ऐसा भी सोचा जाता है (1993), पाखंड का अध्यात्म (1998), आवारा भीड़ के खतरे (1998), प्रेमचन्द के फटे जूते।
नामवर सिंह	बकलम खुद (1951), वाद विवाद संवाद (1989), छायावाद (1955), दूसरी परम्परा की खोज (1982)।
विद्यानिवास मिश्र	छितवन की छाँह (1953), हल्दी दूब (1955), कदम की फूली डाल (1956), तुम चन्दन हम पानी (1957), आँगन का पंछी और बंजारा मन (1963), मेरे राम का मुकुट भीग रहा है (1974), कौन तू फुलवा बीननिहारि (1980), नैरन्तर्य और चुनौती (1988), भाव पुरुष श्रीकृष्ण (1990), सोऽहम् (1991), पीपल के बहाने (1994), भारतीय चिन्तनधारा (1995), लोक और लोक का स्वर (2000), थोड़ी-सी जगह दें (2004)।
धर्मवीर भारती	ठेले पर हिमालय (1958), पश्यन्ती (1969), कहनी-अनकहनी (1970), कुछ चेहरे कुछ चिन्तन (1995), शब्दिता (1997)।
श्रीलाल शुक्ल	अंगद का पाँव (1958), यहाँ से वहाँ (1970), मेरी श्रेष्ठ व्यंग्य रचनाएँ (1979), कुछ जमीन पर कुछ

	हवा में (1993), आओ बैठ लें कुछ देर (1995), अगली शताब्दी का शहर (1996), खबरों की जुगाली (2006)।
विवेकी राय	किसानों का देश (1956), गाँवों की दुनिया (1957), त्रिधारा (1958), फिर बैतलवा डाल पर (1962), जुलूस रुका है (1977), गँवई गन्ध गुलाब (1980), नया गाँव नाम (1984), आम रास्ता नहीं है (1988), आस्था और चिन्तन (1991), जगत तपोवन सो कियो (1995), वनतुलसी की गन्ध (2002), जीवन अज्ञात गणित है (2004)।
शिवप्रसाद सिंह	शिखरों के सेतु (1962), कस्तूरी मृग (1972), चतुर्दिक (1972), मानसी गंगा (1986), किस-किस को नमन करूँ (1987), क्या कहूँ कुछ कहा न जाए (1995), खालिस मौज में (1998)।
कुबेरनाथ राय	प्रिया-नीलकंठी (1968), आखेटक (1970), गन्धमादन (1972), विषाद योग (1973), निषाद बाँसुरी (1974), पर्ण मुकुट (1978), महाकवित की तर्जनी (1979), कामधेनु (1980), मन पवन की नौका (1982), किरात नदी में चन्द्रमधु (1983), दृष्टि अनिसार (1984), मराल (1993), उत्तर कुरु (1994), वाणी का क्षीर सागर (1998), अन्धकार में अग्नि शिखा (1998), आगम की नाव (2002)।
डॉ. कृष्ण बिहारी मिश्र	बेहया का जंगल (1981), मकान उठ रहे हैं (1990), सम्बुद्धि (1997), आँगन की तलाश (1999)।
रमेशचन्द्र शाह	रचना के बदले (1967), शैतान के बहाने (1980), आडू का पेड़ (1984), सबद निरन्तर (1987), भूलने के विरुद्ध (1990), पढ़ते-पढ़ते (1990), स्वाधीन देश में (1995), स्वधर्म और कालगति (1996)।
रवीन्द्रनाथ त्यागी	खुली धूप में नाव पर (1963), भित्तिचित्र (1966), मल्लिनाथ की परम्परा (1969), कृष्णवाहन की कथा (1971), देवदारु के पेड़ (1973), इतिहास का शव (1993), पूरब खिले पलाश (1998), कबूतर, कौए और तोते (2001)।

शरद जोशी	जीप पर सवार इल्लियाँ (1971), हम भ्रष्टन के भ्रष्ट हमारे (1971), रहा किनारे बैठ (1972), तिलस्म (1973), दूसरी सतह (1975), यत्र तत्र सर्वत्र (2000)।
नरेन्द्र कोहली	एक और लाल तिकोन (1970), जगाने का अपराध (1973), आधुनिक लड़की की पीड़ा (1978), परेशानियाँ (1987), गणतंत्र का गणित (1997)।
गोपाल चतुर्वेदी	अफसर की मौत (1985), दुम की वापसी (1987), फाइल पढ़ि-पढ़ि (1991), दाँत में फँसी कुर्सी (1996), राम झरोखा बैठि कै (2001), भारत और भैंस (2003), फार्म हाउस के लोग (2004), जुगाड़पुर के जुगाड़ू (2005)।
ज्ञान चतुर्वेदी	दंगे में मुर्गा (1998), प्रेत कथा, बिसात बिछी है, खामोश/नंगे हमाम में हैं (2003), जो घर फूँके (2006)।

नाटक

- नाटक को पंचम वेद भी कहा गया है। संस्कृत में नाटकों को दृश्य काव्य कहने की परम्परा है।
- हिन्दी रंगमंच का प्रारम्भ 1853 ई. में नेपाल के 'भटगाँव' में अभिनीत 'विद्या विलाप' नाटक से माना जाता है।
- कुछ विद्वान पंडित शीतला प्रसाद त्रिपाठी कृत 'जानकीमंगल' (1868) को हिन्दी का प्रथम अभिनीत नाटक मानते हैं। इसमें स्वयं भारतेन्दु ने लक्ष्मण की भूमिका अदा की थी।
- भारतेन्दु हरिश्चन्द्र ने अपने पिता गोपाल चन्द्र (गिरधर दास) द्वारा लिखित 'नहुष' (1857 ई.) नाटक को हिन्दी का प्रथम मौलिक नाटक माना है।
- भारतेन्दु जी ने राजा लक्ष्मण सिंह कृत 'शकुंतला' नाटक को हिन्दी का दूसरा तथा स्वयं के नाटक 'विद्यासुंदर' को तीसरा एवं श्रीनिवास दास कृत तप्तासंवरण को हिन्दी का चौथा नाटक माना है।
- कुछ विद्वान रीवा नरेश विश्वनाथ सिंह द्वारा लिखित 'आनन्द रघुनन्दन' (1843-45 के मध्य) को हिन्दी का प्रथम मौलिक नाटक स्वीकार करते हैं।
- भारतेन्दु ने अपने 'नाटक' शीर्षक निबन्ध में नाटकों की रचना की पाँच उद्‌देश्य अर्थात् शृंगार, हास्य, कौतुक, समाज-संस्कार तथा देश-वत्सलता बताए हैं।
- हिन्दी रंगमंच का नवउत्थान 1871 ई. में स्थापित 'अल्फ्रेड नाटक मंडली' से माना जाता है जिसने भारतेन्दु, राधाकृष्ण दास के नाटकों का सफल मंचन किया।
- हिन्दी के अव्यावसायिक रंगमंच का आरम्भ 1868 ई. में बनारस थिएटर के साथ हुआ।
- भारतेन्दु हरिश्चन्द्र के नाटक 'सत्य हरिश्चन्द्र' की मौलिकता के सम्बन्ध में कुछ विवाद हैं। प्रायः इसे क्षेमेश्वर कृत 'चंडकौशिक' की छाया माना जाता है किन्तु इसका अधिकांश भाग मौलिक है।

- भारतेन्दु का 'दुर्लभबन्धु' शेक्सपियर के 'मर्चेंट ऑफ वेनिस' का अनुवाद है।
- लक्ष्मीनारायण मिश्र ने भारतेन्दु हरिश्चन्द्र को आधार मानकर 'कवि भारतेन्दु' नामक नाटक की रचना की।
- डॉ. रामविलास शर्मा ने 'चन्द्रावली' को भारतेन्दु की आत्मा का प्रतिरूप कहा है।
- भारतेन्दु की प्रेरणा से काशी में 'नेशनल थियेटर', प्रयाग में 'आर्य नाट्य सभा' और कानपुर में 'हिन्दी रंगमंच' की स्थापना हुई।
- लाला श्रीनिवास दास द्वारा रचित 'रणधीर प्रेममोहिनी' हिन्दी का पहला दुखान्त नाटक है।
- पंडित महावीरप्रसाद द्विवेदी ने नाट्य सिद्धान्तों के आधार पर 'नाट्यशास्त्र' नामक ग्रंथ की रचना की थी।
- जयशंकर प्रसाद का 'करुणालय' एक लघु नाटक है और इसे हिन्दी का प्रथम गीतिनाट्य माना गया है।
- जयशंकर प्रसाद ने 'राज्यश्री' को प्रथम ऐतिहासिक रूपक कहा है।
- प्रसाद जी के 'करुणालय' में वैदिककाल, 'सज्जन' में महाभारतकाल, 'जनमेजय का नागयज्ञ' में उपनिषद काल, 'अजातशत्रु' में बौद्धकाल, 'विशाख' में बौद्धों का पतनकाल, 'चन्द्रगुप्त' में यूनानियों का आक्रमण काल, 'स्कंद गुप्त' में हूण विद्रोह काल और 'प्रायश्चित्त' में जयचन्दकाल का ऐतिहासिक चित्रण मिलता है।
- 'करुणालय' में प्रसाद जी ने 'अमित्राक्षर अरिल्ल' छन्द का प्रयोग किया है।
- 'राज्यश्री' नाटक कल्हण के राजतरंगिणी पर आधारित है।
- 'स्कंद गुप्त' प्रसाद जी की सर्वाधिक प्रौढ़ रचना मानी जाती है।
- 'कामना' प्रसाद जी का संस्कृति प्रधान नाटक है जबकि उनके अन्य नाटक चरित्र प्रधान माने जाते हैं।
- सेठ गोविन्द दास कृत 'ग्रहण और त्याग' में गांधीवाद तथा साम्यवाद के बीच श्रेष्ठता का प्रश्न उठाया गया है।
- गोविन्द वल्लभ पंत कृत 'राजमुकुट' में पन्नाधाय के बलिदान का चित्रण हुआ है।
- भुवनेश्वर प्रसाद के लघुनाटक 'ऊसर' (हंस में 1938 में प्रकाशित) से आधुनिकता बोध का आरम्भ स्वीकार किया गया है।
- भुवनेश्वर के दूसरे लघु नाटक 'ताँबे के कीड़े' (1946) को डॉक्टर मदान ने आधुनिकता बोध का दस्तावेज कहा है; जबकि नाट्य आलोचक

डॉ. रामकुमार वर्मा ने भुवनेश्वर को विश्व का प्रथम असंगत नाटककार माना है।

- मोहन राकेश कृत 'आषाढ़ का एक दिन' महाकवि कालिदास के जीवन, रचना प्रक्रिया तथा संघर्षों पर आधारित है।
- मोहन राकेश द्वारा लिखित 'लहरों के राजहंस' का कथानक अश्वघोष के 'सौंदरानन्द' पर आधारित है।
- 'पैर तले की जमीन' मोहन राकेश का अधूरा नाटक है जो बाद में इनके मित्र कमलेश्वर ने पूरा किया।
- भीष्म साहनी कृत 'हानूश' नाटक चेकोस्लोवाकिया में प्रचलित एक लोक कहानी पर आधारित है।
- जगदीश चन्द्र माथुर का 'कोणार्क' (1951) नाटक माथुर जी की प्रसिद्धि का आधार है। ऐसा माना जाता है कि जयशंकर प्रसाद के युग में हिन्दी नाटक रंगमंच से दूर हो गया था और कोणार्क के माध्यम से माथुर जी ने नाटक और रंगमंच को पुनः एक करने में महत्त्वपूर्ण भूमिका निभाई।
- डॉ लक्ष्मीनारायण लाल कृत 'मादा कैक्टस' नाटक पर स्पेनिश नाटककार ग्रेशियालार्का का प्रभाव माना जाता है।
- डॉ. लक्ष्मीनारायण लाल कृत 'तीन आँखों वाली मछली' हिन्दी का प्रथम अस्तित्ववादी नाटक है।
- सर्वेश्वरदयाल सक्सेना कृत 'बकरी' को आलोचकों ने जनवादी नाट्य परम्परा में स्थान दिया है। यह एक व्यंग्य नाटक है जिसमें नौटंकी शैली का प्रयोग किया गया है।
- सुरेन्द्र वर्मा द्वारा लिखित 'क़ैद-ए-हयात' में उर्दू के प्रख्यात शायर मिर्जा ग़ालिब के जीवन को आधार बनाया गया है।
- ज्ञानदेव अग्निहोत्री द्वारा रचित 'अनुष्ठान' नाटक को मानव की दिग्भ्रान्ति यात्रा का नाटक भी कहा जाता है।
- 'नील पंछी' नाम से 'ब्लू बर्ड' नाटक का हिन्दी रूपान्तरण 'फादर कामिल बुल्के' ने किया।
- प्रेमचन्द के उपन्यास 'गोदान' और अमृतलाल नागर के उपन्यास 'सुहाग के नूपुर' का नाट्य रूपान्तरण प्रतिभा अग्रवाल ने प्रस्तुत किया है।
- श्रीलाल शुक्ल के 'राग दरबारी' उपन्यास का नाट्य रूपान्तरण गिरीश रस्तोगी ने 'रंगनाथ की वापसी' (1982) नाम से किया। रस्तोगी जी ने हजारीप्रसाद द्विवेदी के उपन्यास 'बाणभट्ट की आत्मकथा' का भी नाट्य रूपान्तरण किया है।

- भारतेन्दु के प्रसिद्ध नाटक 'अंधेर नगरी' को आधार बनाकर 'महाअंधेर नगरी' नाटक की रचना पं. विजय दत्त त्रिपाठी तथा 'अतिअंधेर नगरी' नाटक की रचना पं. देवी दत्त शर्मा ने की है।
- हिन्दी में समस्या नाटक लिखने की प्रेरणा पाश्चात्य नाटककार इब्सन और बर्नार्ड शॉ से मिली। यूरोप में इब्सन ने 1875 ई. से ही नाटकों की रचना में एक क्रान्तिकारी परिवर्तन लाना आरम्भ कर दिया था। जबकि बर्नार्ड शॉ ने बौद्धिक एवं समस्या प्रधान नाटकों की रचना की तथा 1926 में इन्हें साहित्य का नोबेल पुरस्कार भी मिला।
- मृदुला गर्ग द्वारा रचित 'दुलहिन एक पहाड़ की' नाटक इसाबेल एंट्रयूज के एकांकी 'ब्राइड फ्रॉम द हिल्स' पर आधारित है।
- लोकनाट्य शैली में भिखारी ठाकुर का नाटक 'बिदेशिया' अत्यन्त लोकप्रिय नाटक है।
- 1943 ई. में 'इंडियन पीपुल्स थियेटर एसोसिएशन' (इप्टा), 1944 ई. में 'पृथ्वी थियेटर', 1953 में 'संगीत नाटक अकादमी' तथा 1959 में 'राष्ट्रीय नाट्य विद्यालय' की स्थापना हुई।
- हिन्दी कहानियों को रंगमंच पर अभिनीत करने का प्रयोग 'देवेन्द्रराज अंकुर' द्वारा आरम्भ किया गया। इन्होंने 1975 ई. में निर्मल वर्मा की 3 कहानियाँ 'धूप का टुकड़ा', 'डेढ़ इंच ऊपर' तथा 'वीक एंड' को 'तीन एकान्त' शीर्षक से मंचित करवाया।

एकांकी नाटक

- हिन्दी में एकांकी का बीज 'जैन रघुराज' से प्राप्त होता है।
- जयशंकर प्रसाद के नाटक 'एक घूँट' को हिन्दी का प्रथम एकांकी माना जाता है जबकि रामकुमार वर्मा आधुनिक एकांकियों की दृष्टि से प्रथम रचनाकार हैं।
- 'बादल की मृत्यु' (1930) एकांकी की रचना इन्होंने पश्चिमी नाट्य शैली को ध्यान में रखकर की है।
- डॉ. सत्येन्द्र के अनुसार भारतेन्दु हिन्दी एकांकी के सूत्रधार हैं। भारतेन्दु का 'विषयस्यविषमौषधम्', 'अंधेर नगरी', 'भारत दुर्दशा', 'वैदिकी हिंसा-हिंसा न भवति' नाटक एक ही अंक के हैं।
- 'पृथ्वीराज की आँखें' (1936) डॉ. रामकुमार वर्मा का प्रथम एकांकी संग्रह है।

आधुनिक काल के प्रमुख नाटक

लेखक	रचनाएँ
महाराज विश्वनाथ सिंह	आनन्द रघुनन्दन (1833-45 के मध्य)
अमानत	इन्दरसभा (1853)
गिरिधर दास	नहुष (1857)
राजा लक्ष्मण सिंह	शकुन्तला (1862)
श्रीनिवास दास	तप्तासंवरण (1883), रणधीर प्रेममोहिनी (1878), संयोगिता स्वयंवर (1885)
भारतेन्दु हरिश्चन्द्र	अनूदित नाटक-विद्यासुन्दर (1868), रत्नावली, पाखंड विडम्बन (1872), धनंजय-विजय (1837), कर्पूरमंजरी (1875), भारत-जननी (1877), मुद्राराक्षस (1878), दुर्लभबन्धु (1880) मौलिक नाटक-वैदिकी हिंसा हिंसा न भवति (1883), सत्य हरिश्चन्द्र, श्रीचन्द्रावली (1876), विषस्य-विषमौषधम् (1876), भारत-दुर्दशा (1880), नीलदेवी (1881), अन्धेर नगरी (1881), सती प्रताप (1883), प्रेम-जोगिनी (1875)
प्राणचन्द चौहान	रामायण महानाटक
शीतला प्रसाद त्रिपाठी	जानकीमंगल (प्रथम अभिनीत नाटक)
राधाकृष्ण दास	दु:खिनीबाला (1880), महारानी पद्मावती (1882), धर्मालाप (1885), महाराणा प्रताप (1897)
किशोरीलाल गोस्वामी	मयंक मंजरी(1891), प्रणयिनी-प्रणय
शिवनन्दन सहाय	कृष्ण-सुदामा नाटक
प्रतापनारायण मिश्र	संगीत शाकुन्तल
बदरीनारायण चौधरी 'प्रेमघन'	भारत सौभाग्य (1889)
बालकृष्ण भट्ट	दमयन्ती स्वयंवर (1892), नल-दमयन्ती (1897), जैसा काम वैसा परिणाम (1877), आचार विडम्बन
अयोध्यासिंह उपाध्याय 'हरिऔध'	प्रद्युम्न विजय (1893), रुक्मिणी परिणय (1894)
राधाचरण गोस्वामी	अमरसिंह राठौर (1895)
देवकीनन्दन खत्री	सीताहरण, रामलीला (1879)

नारायणप्रसाद 'बेताब'	कृष्ण-सुदामा, गोरखधन्धा, मीठा जहर, रामायण नाटक, सम्पूर्ण नाटक, महाभारत
आगा हश्र कश्मीरी	अछूता दामन, असीरे हिर्स, खूबसूरत बला, चण्डीदास नाटक, जहरी साँप, भीष्म प्रतिज्ञा, बिल्व-मंगल, यहूदी की लड़की
आनन्द प्रकाश कपूर	कलियुग नाटक (1912), संसार स्वप्न (1913), सुनहरा विष (1919)
माखनलाल चतुर्वेदी	कृष्णार्जुन युद्ध (1918)
जयशंकर 'प्रसाद'	सज्जन (1910), कल्याणी परिणय, प्रायश्चित्त (1913), करुणालय (1913), राज्यश्री (1914), विशाख (1921), अजातशत्रु (1922), कामना (1927), जनमेजय का नागयज्ञ (1926), स्कन्दगुप्त (1928), एक घूँट (1930), चन्द्रगुप्त (1931), ध्रुवस्वामिनी (1933)
हरिकृष्ण 'प्रेमी'	स्वर्ण विहान (1930), रक्षाबन्धन (1934), पाताल विजय (1936), प्रतिशोध (1937), शिवसाधना (1937), आहुति, स्वप्नभंग, विषपान
लक्ष्मीनारायण मिश्र	अशोक (1927), संन्यासी (1929), मुक्ति का रहस्य (1932), राक्षस का मन्दिर (1932), राजयोग (1934), सिन्दूर की होली (1934), आधी रात (1934), अपराजित, चक्रव्यूह (1954), वितस्ता की लहरें (1953), गंगा द्वार (1974)
परिपूर्णानन्द वर्मा	वीर अभिमन्यु नाटक
वियोगी हरि	छद्मयोगिनी, प्रबुद्ध यामुन अथवा यमुनाचार्य चरित (1929)
सेठ गोविन्द दास	कर्तव्य (1936), कर्ण (1942), शशिगुप्त (1942), हिंसा और अहिंसा, स्नेह या स्वर्ग (1946)
किशोरीदास बाजपेयी	सुदामा (1934)
रामनरेश त्रिपाठी	सुभद्रा (1924), जयन्त (1934)
प्रेमचन्द	संग्राम (1922), कर्बला (1928)
उपेन्द्रनाथ 'अश्क'	अंजो दीदी (1954), अन्धीगली, पैंतरे, सूखी डाली, तौलिए, कस्बे के क्रिकेट क्लब का उद्घाटन, कैद, उड़ान, लौटता हुआ दिन, जय-पराजय, छठा बेटा, स्वप्न

विश्वम्भरनाथ शर्मा 'कौशिक'	अत्याचार का परिणाम (1921), हिन्दू विधवा नाटक (1935)
गोविन्दबल्लभ पन्त	कंजूस की खोपड़ी (1923), नरमाला (1925), अंगूर की बेटी (1937), सुहाग बिन्दी (1940), ययाति (1951)
बेचन शर्मा 'उग्र'	चुम्बन (1937), डिक्टेटर (1937)
मैथिलीशरण गुप्त	अनघ (1928), गीतिनाट्य
हरिकृष्ण प्रेमी	स्वर्ण विहान (1930), रक्षाबंधन (1934), पातालविजय (1936), शिवसाधना (1937), प्रतिशोध (1937)
भगवतीचरण वर्मा	तारा
उदयशंकर भट्ट	मत्स्यगन्धा (1937), विश्वामित्र (1938)
जी.पी. श्रीवास्तव	उलटफेर (1918), दुमदार आदमी (1919), मरदानी औरत (1920), विवाह विज्ञापन (1927), मिस अमेरिकन (1929), गड़बड़झाला (1919), नाक में दम उर्फ जवानी बनाम बुढ़ापा उर्फ मियाँ की जूती मियाँ के सिर (1926), भूलचूक (1928), चोर के घर छिछोर (1933), चाल बेढब (1934), साहित्य का सपूत (1934), स्वामी चौखटानन्द (1936)
विष्णु प्रभाकर	डॉक्टर (1958), समाधि, कुहासा और किरण (1915), अब और नहीं (1981), युगे-युगे क्रान्ति (1969), टूटते परिवेश (1974), श्वेत कमल (1984)
जगदीश चन्द्र माथुर	कोणार्क (1951), शारदीया (1959), पहला राजा (1969), दशरथ नन्दन (1974), रघुकुलरीति (1985)
धर्मवीर भारती	अन्धा युग (1955)
डॉ. लक्ष्मीनारायण लाल	अन्धा कुआँ (1955), मादा कैक्टस (1959), तीन आँखों वाली मछली (1960), सुन्दर रस, सूखा-सरोवर (1960), रक्तकमल (1962), रातरानी (1962), दर्पण (1963), सूर्यमुख (1968), कलंकी (1969), मिस्टर अभिमन्यु (1971), कर्फ्यू (1972), अब्दुल्ला दीवाना (1973), राम की लड़ाई (1979), सगुन पक्षी (1977), पंच पुरुष (1978), गंगा माटी

मोहन राकेश	आषाढ़ का एक दिन (1958), लहरों के राजहंस (1963), आधे-अधूरे (1969)
अमृतराय	चिंदियों की एक झालर (1969), शताब्दी, हम लोग
सुमित्रानन्दन पन्त	रजतशिखर, शिल्पी, सौवर्ण
दुष्यन्त कुमार	एक कण्ठ विषपायी (1963)
चन्द्रगुप्त विद्यालंकार	अशोक (1935), रेवा (1935)
विनोद रस्तोगी	आजादी के बाद, नया हाथ, जनतन्त्र जिन्दाबाद
नरेश मेहता	सुबह के घण्टे, खंडित यात्राएँ
मन्नू भण्डारी	बिना दीवार का घर (1965)
शिव प्रसाद सिंह	घाटियाँ गूँजती हैं
ज्ञानदेव अग्निहोत्री	नेफा की एक शाम, शुतुरमुर्ग
विपिन कुमार	तीन अपाहिज (1963)
गिरिराज किशोर	नरमेघ
सुरेन्द्र वर्मा	द्रौपदी (1970), सेतुबन्ध (1972), आठवाँ सर्ग (1976), छोटे सैयद बड़े सैयद (1982)
सर्वेश्वरदयाल सक्सेना	बकरी (1974), लड़ाई, कल भात आएगा, अब गरीबी हटाओ
भीष्म साहनी	हानूश, कबिरा खड़ा बाजार में
मणिमधुकर	रसगन्धर्व (1975), बुलबुल सराय (1978), खेला पोलमपुर (1979), दुलारी बाई (1978), इकतारे की आँख (1980)
मुद्राराक्षस	मरजीवा, तेन्दुआ, तिलचट्टा, गुफाएँ, योर्स फेथफुली, आला अफसर (1979), संतोला (1980)
सुशील कुमार सिंह	सिंहासन खाली है, चार यारों की यार, नागपाश
शंकर शेष	एक और द्रोणाचार्य (1977), खजुराहो का शिल्पी, फन्दी, बन्धन अपने-अपने, घरौंदा (1978), अरे मायावी सरोवर (1980)
मृदुला गर्ग	एक और अजनबी (1978), जादू का कालीन (1939)
बृजमोहन शाह	त्रिशंकु
बलराज पण्डित	पाँचवाँ सवार
कमलेश्वर	अधूरी आवाज
शरद जोशी	एक था गधा उर्फ अलादाद खाँ (1980), अन्धों का हाथी (1980)

हमीदुल्ला	दरिन्दे, उत्तर उर्वशी
हबीब तनवीर	आगरा बाजार, राजा चम्बा और चार भाई, गाँव के नांव ससुरार मोर नांव दामाद, ख्याल ठाकुर पृथ्वीपाल सिंह, चरनदास चोर

आधुनिक काल के प्रमुख एकांकी नाटक

लेखक	**रचनाएँ**
भुवनेश्वर	कारवाँ (1935), श्यामा, एक साम्यहीन साम्यवादी, शैतान, प्रतिमा का विवाह, स्ट्राइक, लॉटरी, ऊसर, पतित, ताँबे के कीड़े, सिकन्दर, आजादी की नींद, रोशनी, आग तथा खामोशी
रामकुमार वर्मा	बादल की मृत्यु (1930), पृथ्वीराज की आँखें, औरंगजेब की आखिरी रात, रेशमी टाई, चारुमित्रा, रूपरंग, सप्तकिरण, कौमुदी महोत्सव, ऋतुराज, रजतरश्मि, दस मिनट, मयूरपंख, दीपदान, कामकंदला, बापू, इन्द्रधनुष
उपेन्द्रनाथ 'अश्क'	देवताओं की छाया में, चरवाहे, तूफान से पहले, कैद और उड़ान, अधिकार का रक्षक, स्वर्ग की झलक, साहब को जुकाम है, जोंक, पर्दा उठाओ : पर्दा गिराओ, सूखी डाली, भँवर, लक्ष्मी का स्वागत, पापी, बतसिया, जीवन साथी
उदयशंकर भट्ट	एक ही कब्र में (1936), आदिम युग, समस्या का अन्त, आज का आदमी, स्त्री का हृदय, पर्दे के पीछे, दस हजार
सेठ गोविन्ददास	स्पर्धा (1935), बुद्ध की शिष्या, नानक की नमाज, मैत्री, मानववमन, ईद और होली, हंगर स्ट्राइक, सच्चा कांग्रेसी कौन?
जगदीश चन्द्र माथुर	मेरी बाँसुरी (1936), भोर का तारा, कलिंग विजय, रीढ़ की हड्डी, मकड़ी का जाला, खंडहर, कबूतरखाना
डॉ. लक्ष्मीनारायण लाल	मड़वे का भोर, अन्धा कुआँ, ताजमहल के आँसू, पर्वत के पीछे, नाटक बहुरंगी और दूसरा दरवाजा

विष्णु प्रभाकर	लिपस्टिक की मुस्कान, दृष्टि की खोज, बीमार, साँप और सीढ़ी, सीमा-रेखा।
वृन्दावन लाल वर्मा	लो भाई पंचो लो, कश्मीर का काँटा
भगवतीचरण वर्मा	चौपाल, सबसे बड़ा आदमी
नरेश मेहता	सुबह के घण्टे
जैनेन्द्र कुमार	टकराहट
हरिकृष्ण 'प्रेमी'	मातृ मन्दिर, राष्ट्र मन्दिर, मान मन्दिर, न्याय मन्दिर, वाणी मन्दिर
धर्मवीर भारती	नदी प्यासी थी
मोहन राकेश	अण्डे के छिलके

उपन्यास

उपन्यास साहित्य की एक आधुनिक विधा है जिसका व्यापक प्रसार प्रिंटिंग मशीन के आविष्कार से जुड़ा हुआ है। प्राचीन और मध्यकाल में ज्यादातर पांडुलिपियाँ हस्तलिखित होती थीं और इनका प्रसार चन्द लोगों के हाथों तक सीमित था। लेकिन मशीन से छपने के बाद उपन्यासों को एक बड़ा पाठक वर्ग मिला और इसने अत्यन्त लोकप्रियता भी हासिल की। उपन्यास से पहले हमारे देश में महाकाव्यों की दुनिया थी जिसने एक श्रोता वर्ग को जन्म दिया था और इस श्रोता वर्ग के बीच ही इन महाकाव्यों, काव्यगीतों तथा विभिन्न रचनाओं का सामूहिक वाचन एवं अध्ययन होता था। सही मायनों में आज का जो पाठक वर्ग है, जो एकान्त में बैठकर पुस्तकें पढ़ना पसन्द करता है, वह उपन्यास विधा की ही देन है।

हिन्दी उपन्यासों को सामान्यत: 3 काल खंडों में बैठकर देखा जाता है—

1. प्रेमचन्द पूर्व युग
2. प्रेमचन्द युग
3. प्रेमचन्दोत्तर युग

प्रेमचन्द पूर्व युग

इस युग में मुख्यत: तीन प्रकार के उपन्यास लिखे गए—

(1) सुधारवादी उपन्यास,

(2) मनोरंजन पर उपन्यास (तिलिस्मी—ऐयारी उपन्यास तथा जासूसी उपन्यास) और

(3) ऐतिहासिक उपन्यास।

- आचार्य रामचन्द्र शुक्ल एवं अन्य अधिकतर विद्वानों ने लाला श्रीनिवास दास के 'परीक्षा गुरु' (1882 ई.) को हिन्दी का पहला मौलिक उपन्यास माना है।
- कुछ विद्वानों ने पंडित श्रद्धाराम फुल्लौरी कृत 'भाग्यवती' (1877 ई.) को हिन्दी का पहला उपन्यास स्वीकार किया है।

- श्री गोपाल राय ने गौरीदत्त पंत द्वारा रचित 'देवरानी जेठानी की कहानी' को हिन्दी का प्रथम उपन्यास माना है।
- आचार्य हजारीप्रसाद द्विवेदी ने भारतेन्दु द्वारा लिखित 'पूर्व प्रकाश और चन्द्रप्रभा' को हिन्दी का प्रथम उपन्यास घोषित किया है।
- आचार्य शुक्ल ने 'परीक्षा गुरु' को हिन्दी का पहला उपन्यास मानते हुए भी किशोरीलाल गोस्वामी को हिन्दी का प्रथम प्रतिष्ठित उपन्यासकार माना है।
- किशोरी लाल गोस्वामी को हिन्दी में ऐतिहासिक उपन्यास परम्परा का जन्मदाता तथा उनके उपन्यास 'हृदयहरिणी वा आदर्श रमणी' को हिन्दी का पहला ऐतिहासिक उपन्यास माना गया है।
- 'नूतन ब्रह्मचारी' की ऐतिहासिक कथावस्तु के आधार पर डॉ. गोपाल राय ने बालकृष्ण भट्ट को प्रथम ऐतिहासिक उपन्यासकार माना है।
- गोपाल राय गहमरी को हिन्दी में जासूसी उपन्यास का जन्मदाता माना गया है। इन्हें हिन्दी का 'आर्थर कानन डायल' भी कहा जाता है।
- 'सौ अजान एक सुजान' हिन्दी का पहला उपन्यास है जिसमें चरित्र चित्रण को कथा या उद्‌देश्य की तुलना में प्राथमिकता दी गई है।
- जगमोहन सिंह कृत 'श्यामा स्वप्न' हिन्दी में आख्यायिका शैली का प्रथम उपन्यास माना गया है। स्वयं लेखक ने पुस्तक के मुख्य पृष्ठ पर इसे 'गद्य प्रधान चार खंडों में एक कल्पना' और 'An original novel in Hindi prose' की संज्ञा दी है।
- गोपाल राय के अनुसार राधाकृष्ण दास द्वारा रचित 'निस्सहाय हिन्दू' हिन्दी का पहला उपन्यास है जिसमें मुस्लिम समाज का अंकन हुआ है। यह गोवध निवारण हेतु लिखा गया उपन्यास है। साथ ही इसमें नाटकीय पद्धति पर प्रसंगों के निर्माण एवं कथाओं के वर्णन की पद्धति अपनाई गई है।
- किशोरीलाल गोस्वामी द्वारा लिखित 'स्वर्गीय कुसुम वा कुसुम कुमारी' वेश्या जीवन पर आधारित हिन्दी का पहला उपन्यास है।
- अयोध्या सिंह उपाध्याय हरिऔध ने 'ठेठ हिन्दी का ठाठ' या 'देवबाला' उपन्यास में अनमेल विवाह के दुष्परिणामों का चित्रण किया है। इस उपन्यास को मुहावरों की पाठ्यपुस्तक भी कहा जाता है।
- हिन्दी में तिलिस्मी-ऐयारी उपन्यासों के प्रवर्तक बाबू देवकीनन्दन खत्री हैं। इनके 'चन्द्रकान्ता' उपन्यास का हिन्दी संसार में अभूतपूर्व

स्वागत हुआ। यह उपन्यास विजयगढ़ की राजकुमारी चन्द्रकान्ता और नौगढ़ के राजकुमार वीरेन्द्र सिंह की प्रेम कहानी पर आधारित है।

- 'भूतनाथ' देवकीनन्दन खत्री जी का अधूरा उपन्यास था जिसे उनके पुत्र दुर्गा प्रसाद खत्री ने पूरा किया।
- विश्वम्भर नाथ शर्मा 'कौशिक' कृत 'भिखारिणी' उपन्यास में अन्तर्जातीय विवाह की समस्या को उठाया गया है और मानव मन के सहज आकर्षण तथा जातीय बन्धन की कठोरता के मार्मिक द्वन्द्व को सहजता के साथ चित्रित किया गया है।

प्रेमचन्द युग (1918-1936 ई.)

- प्रेमचन्द का मूल नाम धनपत राय था। वे उर्दू में नवाब राय तथा हिन्दी में प्रेमचन्द के नाम से रचनाएँ लिखते थे।
- धनपत राय को प्रेमचन्द नाम उर्दू पत्र 'ज़माना' के सम्पादक दयानारायण निगम ने दिया था।
- प्रेमचन्द को उपन्यास सम्राट की संज्ञा सुप्रसिद्ध बांग्ला कथाकार शरत् चन्द्र चट्टोपाध्याय द्वारा दी गई।
- डॉ. नगेन्द्र के अनुसार 'कायाकल्प' मूल रूप से हिन्दी में लिखित प्रेमचन्द का पहला उपन्यास है।
- प्रेमचन्द जी का एकमात्र ऐतिहासिक उपन्यास 'रूठी रानी' (1907) है।
- प्रेमचन्द ने पहले उर्दू में 'बाज़ार-ए-हुस्न' उपन्यास लिखा था जिसका हिन्दी अनुवाद उन्होंने ही 'सेवासदन' नाम से किया। इसी प्रकार 'गोशिए आफ़ियत' उपन्यास का हिन्दी रूपान्तर 'प्रेमाश्रय' है।
- प्रेमचन्द ने एक परिहास प्रधान उपन्यास जलवा-ए-ईसार लिखा था जिसका हिन्दी रूपान्तर 'वरदान' है।
- प्रेमचन्द का उपन्यास 'चौगाने हस्ती' का हिन्दी अनुवाद 'रंगभूमि' है। इस उपन्यास को भारतीय जनजीवन का रंगमंच कहा गया है।

(प्रेमचन्द के उर्दू उपन्यास तथा उनके हिन्दी रूपान्तरण)

1. असरारे मआविद (1903-05)— देवस्थान रहस्य (1905)
2. हमखुर्मा-ओ-हमसवाब (1906)— प्रेमा अर्थात 2 सखियों का विवाह (1907)— बाद में 'प्रतिज्ञा' नाम से पुन: प्रकाशित (1929)
3. किशना (1907)— गबन (1931)

4. जलवा-ए-ईसार (1912)— वरदान (1921)
5. बाजार-ए-हुस्न (1917)— सेवासदन (1918)
6. गोश्त-ए-आफियत— प्रेमाश्रय (1922)
7. चौगान-ए-हस्ती— रंगभूमि (1925)

- डॉ. बच्चन सिंह ने 'रंगभूमि' को गांधीवादी जीवन दर्शन का महाकाव्यात्मक उपन्यास कहा है। जबकि 'प्रेमाश्रम' को वे हिन्दी का पहला राजनीतिक उपन्यास मानते हैं।
- 'कायाकल्प' प्रेमचन्द का नए ढंग का उपन्यास है जिसमें कई जन्मों की कहानी कही गई है।
- शिवपूजन सहाय कृत 'देहाती दुनिया' (1925) उपन्यास को हिन्दी का पहला आंचलिक उपन्यास माना गया है। किन्तु आंचलिक उपन्यास लेखन की परम्परा फणीश्वरनाथ रेणु के 'मैला आँचल' से आरम्भ मानी जाती है।
- पांडे बेचन शर्मा उग्र, ऋषभ चरण जैन तथा आचार्य चतुरसेन शास्त्री को प्राकृतवादी शैली का उपन्यासकार माना जाता है।
- आचार्य चतुरसेन शास्त्री कृत 'वैशाली की नगरवधू' चर्चित उपन्यास है जिसमें वासुदेव, महावीर स्वामी और गौतम बुद्ध एक साथ उपस्थित हैं।
- पांडेय बेचन शर्मा उग्र कृत 'चन्द हसीनों के खतूत' हिन्दी में पत्रात्मक शैली का प्रवर्तक उपन्यास है।
- रांगेय राघव ने 'सीधा-साधा रास्ता' उपन्यास की रचना भगवतीचरण वर्मा के उपन्यास 'टेढ़े मेढ़े रास्ते' के उत्तर में की।
- 'भूले बिसरे चित्र' उपन्यास के लिए भगवतीचरण वर्मा को 1961 के साहित्य अकादमी पुरस्कार से सम्मानित किया गया।
- भगवतीचरण वर्मा को व्यक्तिवादी तथा नियतिवादी/भाग्यवादी उपन्यासकार माना जाता है।
- 'चित्रलेखा' भगवतीचरण वर्मा का सर्वोत्कृष्ट उपन्यास है। इसकी रचना अनातोले फ्रांस के प्रसिद्ध ग्रंथ 'थाया' के आधार पर एक नए मौलिक ढंग से की गई है।
- 'धुप्पल' वर्मा जी का आत्मकथात्मक उपन्यास है।
- आदित्य प्रसन्न राय के उपन्यास 'मुन्नी की डायरी' हिन्दी उपन्यास में डायरी प्रविधि का आरम्भ माना गया है।
- गणेश शंकर विद्यार्थी ने 'गढ़कुंडार' की पांडुलिपि देखकर वृन्दावन लाल वर्मा को वाल्टर स्कॉट की उपाधि दी थी।

प्रेमचन्दोत्तर युग (1936 ई. से वर्तमान तक)

- अध्ययन की दृष्टि से सहज बनाने के लिए डॉ नगेन्द्र तथा मधुरेश जैसे आलोचकों ने प्रेमचन्दोत्तर युग के उपन्यासों को विभिन्न श्रेणियों में रखकर उनका मूल्यांकन किया है—

मनोविश्लेषणवादी उपन्यास

- जैनेन्द्र, इलाचन्द्र जोशी, अज्ञेय तथा डॉ. देवराज हिन्दी के प्रमुख मनोविश्लेषणवादी उपन्यासकार हैं।
- जैनेन्द्र को हिन्दी में मनोविश्लेषणवादी उपन्यास का आरम्भकर्ता माना जाता है।
- 'त्यागपत्र' जैनेन्द्र का सर्वाधिक प्रसिद्ध उपन्यास है। इसमें मृणाल के माध्यम से स्त्री के आत्मपीड़क एवं विद्रोही स्वरूप का चित्रण किया गया है।
- वर्ष 1966 में जैनेन्द्र को उनके 'मुक्तिबोध' उपन्यास के लिए साहित्य अकादेमी पुरस्कार से सम्मानित किया गया।
- इलाचन्द्र जोशी कृत 'घृणामयी' तथा 'संन्यासी' उपन्यास आत्मकथात्मक शैली में लिखे गए हैं।
- 'जहाज का पंछी' जोशी जी का सर्वाधिक प्रसिद्ध उपन्यास है। उपन्यास का नायक एक शिक्षित नवयुवक है जो कोलकाता में काम की तलाश में भटकता है। कोलकाता नगर वह जहाज है जिसमें वह चारों ओर भटककर लौट आता है।
- अज्ञेय कृत 'शेखर : एक जीवनी' फ्लैश बैक/पूर्व दीप्ति पद्धति में लिखा गया एक सशक्त उपन्यास है। इस पर रोमां रोलां के 'ज्याँ क्रिस्टाफ' का प्रभाव माना जाता है जिसे स्वयं अज्ञेय ने भी स्वीकार किया है।
- 'नदी के द्वीप' अज्ञेय का दूसरा महत्त्वपूर्ण उपन्यास है। इसमें पत्र शैली, प्रत्यावलोकन शैली, चेतना प्रवाह शैली तथा प्रतीकात्मक बिम्ब विधान शैली सभी का प्रयोग एक साथ मिलता है।
- अज्ञेय ने नदी के द्वीप को चार संवेदनाओं का अध्ययन कहा है।
- डॉ देवराज का प्रथम उपन्यास 'पथ की खोज' दो खंडों में 1951 में प्रकाशित हुआ। उपन्यास का केन्द्रीय विषय प्रेम एवं विवाह की नैतिकता पर आधारित है।

- 'अजय की डायरी' डॉ. देवराज का सर्वाधिक प्रसिद्ध उपन्यास है। इसमें प्रेम सम्बन्धों और उससे जुड़े हुए आनुषंगिक प्रश्नों का सूक्ष्म मनोवैज्ञानिक विवेचन किया गया है।
- 'मैं वे और आप' डॉ. देवराज का एक अन्य स्वतंत्र उपन्यास है जिसे स्वयं उन्होंने अजय की डायरी का अगला भाग कहा है।
- ऐतिहासिक उपन्यासों की दृष्टि से वृन्दावनलाल वर्मा, हजारीप्रसाद द्विवेदी अग्रिम पंक्ति के उपन्यासकार हैं।
- आचार्य हजारी प्रसाद द्विवेदी द्वारा लिखित 'बाणभट्ट की आत्मकथा' एक क्लासिक उपन्यास है जिसमें राजा हर्षवर्धन के समय की सामाजिक, सांस्कृतिक एवं राजनीतिक स्थितियों का चित्रण किया गया है।
- डॉ. नामवर सिंह ने इस उपन्यास को प्रेम ग्रंथ माना है और इसके लिए प्रेमा! पुमर्थों महान के सिद्धान्त को आधार बनाया है।
- 'चारुचन्द्रलेख' आत्मकथात्मक शैली का उपन्यास है जिसमें राजा सातवाहन तथा रानी चन्द्रलेखा की प्रेम कथा वर्णित है।
- 'पुनर्नवा' उपन्यास शूद्रक कृत 'मृच्छकटिकम्' की कुछ घटनाओं को आधार बनाकर लिखा गया है। इसमें समुद्रगुप्त के काल की सामाजिक व्यवस्था का वर्णन है।
- 'अनामदास का पोथा' उपन्यास छांदोग्य और बृहदारण्यक उपनिषद पर आधारित है। इसे रैक्व आख्यान भी कहा गया है।
- अन्य ऐतिहासिक उपन्यासों को देखें तो—
- सन्हैया लाल ओझा कृत 'संभवामि' उपन्यास देव सभ्यता एवं हड़प्पा सभ्यता पर आधारित है जिसमें देव सभ्यता का मानवीकरण किया गया है।
- वीरेन्द्र कुमार जैन द्वारा रचित 'अनुत्तर योगी' महावीर स्वामी के जीवन पर आधारित चार खंडों का बृहद उपन्यास है।
- शरद पगारे कृत 'बेगम जैनावादी' उपन्यास में नृत्यांगना जैनावादी और मुगल बादशाह औरंगजेब की प्रेम कथा का वर्णन किया गया है।
- सामाजिक यथार्थवादी उपन्यास—इस धारा के उपन्यासों की सबसे बड़ी विशेषता यह होती है कि ये न तो समाज को बहुत अधिक महत्त्व देते हैं और न ही व्यक्ति को, बल्कि इन उपन्यासों में व्यक्ति एवं समाज की समस्याओं का सूक्ष्म एवं संतुलित दृष्टिकोण अंकित होता है।
- विष्णु प्रभाकर, उदय शंकर भट्ट, उपेन्द्रनाथ अश्क, अमृतलाल नागर, भीष्म साहनी, अमरकान्त आदि इसी प्रवृत्ति के उपन्यासकार हैं।

- विष्णु प्रभाकर ने अपने 'अर्धनारीश्वर' उपन्यास में स्त्री शोषण एवं यातना का वर्णन करते हुए स्त्री-पुरुष सम्बन्धों की जटिलता का सूक्ष्म अंकन किया है।
- उदय शंकर भट्ट कृत 'सागर लहरें और मनुष्य' को कई विद्वान आंचलिक उपन्यास मानते हैं। इसमें वरसोवा के मछुआरों के जिन्दगी का यथार्थ चित्रण हुआ है।
- अमृतलाल नागर के उपन्यास 'महाकाल' में बंगाल के अकाल की त्रासदी का वर्णन मिलता है।
- नागर जी का 'सुहाग के नूपुर' उपन्यास तमिल महाकाव्य 'शिल्पयादिकारम' पर आधारित है।
- 'मानस का हंस' तुलसीदास जी के तथा 'खंजन नयन' सूरदास जी के जीवन को केन्द्र में रखकर लिखा गया जीवनीपरक उपन्यास है।
- अमृतलाल नागर को 'अमृत और विष' उपन्यास के लिए वर्ष 1967 ई. का साहित्य अकादेमी पुरस्कार प्राप्त हुआ।
- भीष्म साहनी सामाजिक यथार्थवाद के महत्त्वपूर्ण रचनाकार हैं जिन्हें उनके 'तमस' उपन्यास के लिए वर्ष 1975 में साहित्य अकादेमी पुरस्कार से सम्मानित किया गया।
- 'मैयादास की माड़ी' साहनी जी द्वारा लिखित एक ऐतिहासिक पृष्ठभूमि पर आधारित उपन्यास है। इसमें सन् 1840 से 1920 ई. तक के पंजाब के सामाजिक-राजनीतिक जीवन का चित्रण हुआ है।
- 'इन्हीं हथियारों से' अमरकान्त का सर्वाधिक चर्चित उपन्यास है। इसका नायक बलिया जनपद है जिसमें भारत छोड़ो आन्दोलन से लेकर स्वतंत्रता प्राप्ति तक के बलिया के सामाजिक जीवन का चित्रण हुआ है। इसी उपन्यास के लिए अमरकान्त को 2007 के साहित्य अकादेमी पुरस्कार से सम्मानित किया गया था।

प्रगतिवादी उपन्यास

- प्रगतिवादी या समाजवादी उपन्यासों पर मार्क्सवादी विचारधारा का प्रभाव माना जाता है। राहुल सांकृत्यायन, यशपाल, रांगेय राघव, भैरव प्रसाद गुप्त, अमृतराय जैसे उपन्यासकार प्रगतिवादी उपन्यासकार माने जाते हैं।
- राहुल सांकृत्यायन कृत 'जीने के लिए' उनका एकमात्र सामाजिक उपन्यास है। इसमें भारत की 1907 से 1939 ई. के बीच के कालखंड की सामाजिक-राजनीतिक स्थितियों का चित्रण हुआ है।

- सांकृत्यायन जी के उपन्यासों में ऐतिहासिक यथार्थ तथा मार्क्सवादी दृष्टि का समन्वय देखने को मिलता है।
- यशपाल कृत 'दिव्या' उपन्यास में ऐतिहासिक पृष्ठभूमि को आधार बनाकर स्त्री स्वाधीनता एवं स्त्री गरिमा का प्रश्न उठाया गया है। यशपाल ने स्वयं दिव्या को ऐतिहासिक कल्पना की संज्ञा दी है।
- यशपाल के 'झूठा सच' उपन्यास में वर्ष 1942 से 1957 ई. तक के भारत के राष्ट्रीय एवं सामाजिक जीवन का चित्रण हुआ है। इसका पहला भाग 'वतन और देश' (1958 ई.) तथा दूसरा भाग 'देश का भविष्य' (1960 ई.) है।
- 'तेरी मेरी उसकी बात' यशपाल का 11वाँ और अन्तिम उपन्यास है। इसमें 1919 से लेकर 1945 ई. तक की प्रत्येक राजनीतिक घटना और उसके प्रभाव का सजीव चित्रण किया गया है। इस उपन्यास के लिए यशपाल को वर्ष 1976 का साहित्य अकादेमी पुरस्कार प्राप्त हुआ।
- 'सती मैया का चौरा' भैरव प्रसाद गुप्त का चर्चित उपन्यास है, जिसमें जमींदारी व्यवस्था द्वारा किसानों पर किए जानेवाले अत्याचारों तथा उन अत्याचारों के विरुद्ध किसानों के संघर्ष का चित्रण हुआ है।
- बीज, नागफनी का देश, भटियाली, धुआँ, अमृतराय के प्रमुख उपन्यास हैं।

आंचलिक उपन्यास

- फणीश्वरनाथ रेणु के उपन्यास 'मैला आँचल' का प्रकाशन (1954 ई.) हिन्दी उपन्यास की दृष्टि से एक महत्त्वपूर्ण घटना मानी जाती है। यहीं से एक नई एवं मौलिक प्रवृत्ति आंचलिक उपन्यास के रूप में आरम्भ हुई।
- आंचलिक उपन्यासों में नायक कोई एक पात्र न होकर सम्पूर्ण अंचल ही नायक होता है। इसका उद्देश्य किसी व्यक्ति विशेष के जीवन का वर्णन न करके समस्त अंचल, उसके पूरे परिवेश का जीवन्त वर्णन करना है। इसमें लोकभाषा का भी अत्यधिक प्रयोग होता है।
- मैला आँचल में बिहार राज्य के पूर्णिया जिले के मेरीगंज गाँव को कथा का केन्द्र बनाया गया है।
- 'पलटू बाबू रोड' रेणु की मृत्यु के पश्चात् प्रकाशित हुआ था।
- नागार्जुन का उपन्यास 'बलचनमा' मैला आँचल से पूर्व प्रकाशित हुआ था परन्तु इसे आलोचकों द्वारा प्रथम आंचलिक उपन्यास स्वीकार नहीं किया गया।

- 'बाबा बटेसरनाथ' में बरगद के वृक्ष को बचाने हेतु किए गए किसानों के संघर्ष का चित्रण हुआ है।
- देवेन्द्र सत्यार्थी द्वारा लिखित 'रथ के पहिए' उपन्यास में मध्य प्रदेश के गोंड जनजाति के जीवन का चित्रण हुआ है।
- सत्यार्थी के 'कठपुतली' उपन्यास में नाटक और रंगमंच से जुड़े कलाकारों तथा दूधगाछ में संगीत से जुड़े कलाकारों की जीवन कथा का वर्णन है।
- देवेन्द्र सत्यार्थी कृत 'ब्रह्मपुत्र' उपन्यास में असम के ब्रह्मपुत्र में बसे माजुली द्वीप और उसके तट पर स्थित दिसांगमुख के निवासियों के जीवन का चित्रण हुआ है। प्रसिद्ध आलोचक गोपाल राय के अनुसार यह हिन्दी का पहला उपन्यास है जिसमें भारत के सुदूर उत्तर-पूर्वी क्षेत्र की यथार्थ कथा कही गई है।
- बलभद्र ठाकुर के उपन्यास 'मुक्तावली' में मणिपुर के जनजीवन एवं संस्कृति का वर्णन है।
- ठाकुर के 'लहरों की छाती पर' उपन्यास में अंडमान-निकोबार द्वीप के जनजीवन का सजीव अंकन हुआ है।
- राही मासूम रजा के 'आधा गाँव' उपन्यास में गाजीपुर जिले के गंगौली गाँव के शिया मुसलमानों के जीवन का यथार्थ और मर्मस्पर्शी चित्रण किया गया है।
- इनके 'दिल एक सादा कागज' उपन्यास में विभाजन के बाद पाकिस्तान गए भारतीय मुसलमानों के मोहभंग का अंकन हुआ है।
- शिव प्रसाद सिंह के 'शैलूष' उपन्यास में कबीलाई जीवन व्यतीत करनेवाले नटों के जीवन संघर्षों का चित्रण देखने को मिलता है।
- शैलेश मटियानी कृत 'हौलदार', 'चिट्ठी रसैन' और 'चौथी मुट्ठी' उपन्यास कुमाऊँनी जीवन को केन्द्र में रखकर लिखे गए हैं।
- रामदरश मिश्र भी एक महत्त्वपूर्ण आंचलिक उपन्यासकार हैं जिनके उपन्यास 'पानी के प्राचीर' में गोरखपुर जिले के पांडेपुरवा गाँव के किसानों के जीवन का चित्रण हुआ है।
- 'जल टूटता हुआ' उपन्यास पानी के प्राचीर का ही विस्तार माना जाता है।
- 'समर शेष है', 'सोना माटी' विवेकी राय के प्रमुख आंचलिक उपन्यास हैं।
- विवेकी राय के 'मंगल भवन' उपन्यास में 1962 के भारत-चीन युद्ध की भारतीय जनमानस पर पड़े प्रभाव एवं प्रतिक्रिया का अंकन है।
- राजेन्द्र अवस्थी कृत 'सूरज किरण की छाँव' तथा 'जंगल के फूल' उपन्यास में बस्तर जिले के आदिवासी गोंड जनजाति का यथार्थ चित्रण मिलता है।

- गुलशेर खाँ 'शानी' द्वारा लिखित 'काला जल' उपन्यास में बस्तर जिले की मुस्लिम मध्यवर्गीय जीवन शैली का दिग्दर्शन प्राप्त होता है।
- हिमांशु जोशी कृत 'महासागर' उपन्यास में अंडमान निकोबार द्वीप की आदिवासी लड़की की कथा कही गई है।
- भगवानदास मोरवाल कृत 'काला पहाड़' उपन्यास मेवात जिले के नगीना नामक गाँव पर केन्द्रित एक आंचलिक उपन्यास है।

स्वातंत्र्योत्तर उपन्यास

- श्रीलाल शुक्ल का 'राग दरबारी' उपन्यास रिपोर्ताज शैली में लिखा गया उपन्यास है, जिसमें शिवपालगंज के एक कॉलेज की समस्या को आधार बनाकर सामाजिक विषमताओं पर करारा व्यंग्य किया गया है।
- शुक्ल जी को राग दरबारी उपन्यास के लिए वर्ष 1969 का साहित्य अकादेमी पुरस्कार प्राप्त हुआ था।
- श्रीलाल शुक्ल के 'विश्रामपुर का संत' उपन्यास को 1999 ई. में व्यास सम्मान से सम्मानित किया गया था। इस उपन्यास में भूदान आन्दोलन तथा सामंती मानसिकता जुड़े विभिन्न घटनाओं एवं राजनीतिक अवसरवाद का यथार्थ चित्रण हुआ है।
- नरेश मेहता के 'धूमकेतु : एक श्रुति' और 'नदी यशस्वी है' उपन्यासों में ग्रामीण संस्कृति के पतन और आदर्शहीन, लक्ष्यहीन समाज के विकास का मनोवैज्ञानिक चित्रण किया गया है।
- सर्वेश्वर कृत 'सोया हुआ जल' सिनेरियो शिल्प में लिखा गया एक प्रतीकात्मक उपन्यास है।
- राजेन्द्र यादव कृत 'प्रेत बोलते हैं' उपन्यास बाद में 'सारा आकाश' (1960) नाम से प्रकाशित हुआ।
- 'एक इंच मुस्कान' राजेन्द्र यादव तथा मन्नू भंडारी की संयुक्त रचना है।
- कमलेश्वर के 'एक सड़क सत्तावन गलियाँ' उपन्यास में लीला-नौटंकी करनेवाले तथा समाज में बदनाम स्त्री-पुरुषों के जीवन का यथार्थ चित्रण हुआ है।
- निर्मल वर्मा का 'वे दिन' उपन्यास चेकोस्लोवाकिया की पृष्ठभूमि को आधार बनाकर लिखा गया है।
- गिरिराज किशोर का उपन्यास 'स्वर्णमृग' साइबर क्राइम पर आधारित हिन्दी का पहला उपन्यास माना जाता है।

- गिरिराज किशोर को उनके 'ढाई घर' उपन्यास के लिए साहित्य अकादेमी पुरस्कार (1992) तथा 'पहला गिरमिटिया' के लिए व्यास सम्मान (2000) से सम्मानित किया गया।
- 'परिशिष्ट' उपन्यास में गिरिराज किशोर द्वारा आईआईटी जैसे तकनीकी शिक्षण संस्थानों में दलित विरोधी वातावरण का वर्णन किया गया है।
- शिव प्रसाद सिंह को 'नीला चाँद' उपन्यास के लिए साहित्य अकादेमी पुरस्कार (1990) तथा व्यास सम्मान (1992) प्राप्त हुआ।
- नीला चाँद में काशी नगरी को उसके पूरे सांस्कृतिक सन्दर्भों के साथ मूर्त किया गया है।
- 'मंजुशिमा' उपन्यास में शिव प्रसाद सिंह ने अपनी पुत्री मंजू के जीवन की करुण कथा कही है। विषय वैशिष्ट्य और भावनात्मक भूमि पर इसकी तुलना निराला के सरोज-स्मृति काव्य से की जा सकती है।
- बदीउज्जमा कृत 'एक चूहे की मौत' फैंटेसी शिल्प में लिखा गया एक प्रतीकात्मक उपन्यास है।
- कृष्णा सोबती का 'जिन्दगीनामा' उपन्यास में पंजाब प्रदेश की संस्कृति रीति-रिवाज लोक कथाओं आदि का प्रभावी चित्रांकन हुआ है। इस उपन्यास को साहित्य अकादेमी पुरस्कार (1980) से सम्मानित भी किया गया।
- मनोहर श्याम जोशी कृत 'कुरु-कुरु स्वाहा' उपन्यास अपनी प्रयोगशीलता के कारण सर्वाधिक प्रसिद्ध रहा है।
- जोशी जी को उनके 'क्याप' उपन्यास के लिए साहित्य अकादेमी पुरस्कार (2005) से सम्मानित किया गया। इस उपन्यास में कूर्मांचल के कस्तूरीकोट (वर्तमान में वाल्मीकि नगर) व राजनीतिक दाँव-पेचों की कहानी कही गई है।
- विष्णु प्रभाकर के 'अर्धनारीश्वर' उपन्यास को साहित्य अकादेमी पुरस्कार (1993) से सम्मानित किया गया। इसमें समाज के लगभग सभी वर्गों की स्त्रियों और उनकी यातनाओं पर गहराई से विचार मंथन किया गया है।
- कमलेश्वर को 'कितने पाकिस्तान' उपन्यास के लिए वर्ष 2003 के साहित्य अकादेमी पुरस्कार से सम्मानित किया गया। इस उपन्यास में मानव सभ्यता के लम्बे इतिहास की गहरी पड़ताल हुई है और लेखक इस निष्कर्ष पर पहुँचा है कि नफरत और घृणा ने प्रत्येक कालखंड में इनसानों को दो भागों में बाँटा है।
- गोविन्द मिश्र को 'पाँच आँगनों वाला घर' के लिए व्यास सम्मान (1999) तथा 'कोहरे में कैद रंग' के लिए साहित्य अकादेमी पुरस्कार (2008) से

सम्मानित किया गया। इन उपन्यासों में क्रमशः संयुक्त परिवार के टूटने तथा भारतीय मूल्यों के प्रति आस्था के बरकरार रहने का जिक्र है।

- नरेन्द्र कोहली का 'अभ्युदय' उपन्यास रामकथा पर तथा 'महासमर' उपन्यास महाभारत की कथा पर आधारित है। इसके अलावा 'तोड़ो कारा तोड़ो' उपन्यास स्वामी विवेकानन्द के जीवन पर आधारित है।
- भगवान सिंह कृत 'महाभिषग' उपन्यास अश्वघोष के बुद्धचरित पर आधारित है, जिसमें बुद्ध के जीवन का चरित्रांकन किया गया है।
- विजय कृत 'साकेत के यूकेलिप्टस' उपन्यास में गोरखालैंड आन्दोलन का चित्रण हुआ है।
- प्रदीप सौरभ कृत 'तीसरी ताली' किन्नर समुदाय पर आधारित उपन्यास है।
- दूधनाथ सिंह का उपन्यास 'आखिरी कलाम' बाबरी मस्जिद विध्वंस की घटना पर आधारित है।
- 'साध्वी सती प्राण अबला' को हिन्दी की प्रथम महिला उपन्यासकार माना गया है। इन्होंने 1890 ई. में 'सुहासिनी' नामक पहला उपन्यास लिखा था।
- मनु भंडारी का उपन्यास 'आपका बंटी' बाल मनोविज्ञान का सर्वश्रेष्ठ उपन्यास माना जाता है।
- 'महाभोज' उपन्यास में मन्नू भंडारी ने राजनीतिक मूल्य ही नहीं सामाजिक उत्पीड़न तथा व्यवस्था की खामियों को खुलकर उजागर किया है।
- राजी सेठ कृत 'तत्सम' उपन्यास स्त्री-पुरुष सम्बन्धों की दृष्टि से एक अत्यन्त प्रौढ़ रचना मानी जाती है।
- चन्द्रकान्ता द्वारा रचित 'एलान गली जिन्दा है' तथा 'यहाँ वितस्ता बहती है' कश्मीर की पृष्ठभूमि पर आधारित प्रमुख उपन्यास है।
- चन्द्रकान्ता को 'कथासतीसर' उपन्यास के लिए व्यास सम्मान (2005) से सम्मानित किया गया।
- नासिरा शर्मा कृत 'सात नदियाँ एक समुन्दर' आधुनिक ईरान की पृष्ठभूमि तथा इस्लामी क्रान्ति पर आधारित उपन्यास है।
- मृदुला गर्ग को उनके 'कठगुलाब' उपन्यास के लिए व्यास सम्मान (2004) से सम्मानित किया गया।
- प्रभा खेतान कृत 'पीली आँधी' उपन्यास काफी चर्चित एवं प्रशंसित है। इसमें मारवाड़ी समुदाय के लोगों के संघर्ष, उनकी व्यावसायिक क्षमता आदि का चित्रण है।
- मैत्रेयी पुष्पा के 'अल्मा कबूतरी' उपन्यास में बुंदेलखंड में रहनेवाली कबूतरा जाति के जीवन-संघर्षों का वर्णन मिलता है।

- अलका सरावगी को 'कलिकथा वाया बाईपास' उपन्यास के लिए साहित्य अकादेमी पुरस्कार (2001) से सम्मानित किया गया। इस उपन्यास का फलक प्लासी युद्ध (1757) से लेकर बाबरी मस्जिद विध्वंस (1992) तक विस्तृत है।
- जयप्रकाश कर्दम कृत 'छप्पर' (1994) को अधिकतर विद्वान एवं आलोचक, हिन्दी का प्रथम दलित उपन्यास मानते हैं।

आधुनिक काल के प्रमुख उपन्यास

लेखक	रचनाएँ
श्रद्धाराम फुल्लौरी	भाग्यवती (1877)
श्रीनिवास दास	परीक्षागुरु (1882)
भारतेन्दु हरिश्चन्द्र	पूर्णप्रकाश, चन्द्रप्रभा
बालकृष्ण भट्ट	रहस्य कथा, नूतन ब्रह्मचारी (1886), सौ अजान एक सुजान (1892)
राधाकृष्ण दास	नि:सहाय हिन्दू (1890)
देवदत्त	सच्चा मित्र
लोचन प्रसाद पाण्डेय	दो मित्र
लज्जाराम शर्मा	आदर्श दम्पति, धूर्त रसिक लाल (1890)
गोपाल राम गहमरी	अद्‌भुत लाश (1896), गुप्तचर (1899), बेकसूर की फाँसी (1900), खूनी कौन (1900), मायाविनी (1901), जासूस की भूल (1901), चक्करदार चोरी (1901), किले में खून (1910), भोजपुर की ठगी (1911), गुप्तभेद (1913)
अयोध्यासिंह उपाध्याय 'हरिऔध'	अधखिला फूल, ठेठ हिन्दी का ठाठ
किशोरीलाल गोस्वामी	सौभाग्यश्री (1890), लवंगलता (1890), गुलबहार का आदर्श भ्रातृप्रेम, सुल्ताना रजिया बेगम वा रंगमहल में हलाहल, नवलखाहार, कनक-कुसुम वा मस्तानी, तारा वा क्षत्रकुल कमलिनी, हीराबाई वा बेहया का बुर्का, लखनऊ के कब्र वा शाही महलसरा, सोना और सुगन्ध वा पन्नाबाई, तिलस्मी शीशमहल, राजकुमारी

देवकीनन्दन खत्री	चन्द्रकान्ता (1882), चन्द्रकान्ता संतति 24 भाग (1896), नरेन्द्रमोहिनी (1893), वीरेन्द्र वीर (1895), कुसुम कुमारी (1899), भूतनाथ (1906)
ठाकुर जगमोहन सिंह	श्यामास्वप्न (1888)
हरिकृष्ण जौहर	कुसुमलता, कमलकुमारी, भयानक खून, मयंक मोहिनी, निराला नकाबपोश
ब्रजनन्दन सहाय	सौन्दर्योपासक, राजेन्द्रमालती, अरण्यबाला
रामलाल वर्मा	पुतलीमहल (1908)
मुंशी प्रेमचन्द	सेवासदन (1918), प्रेमाश्रम (1922), रंगभूमि (1925), कायाकल्प (1926), निर्मला (1927), गबन (1931), कर्मभूमि (1933), गोदान (1935), वरदान (1921), प्रतिज्ञा (1929), कायाकल्प (1926), मंगलसूत्र (अपूर्ण)
जयशंकर 'प्रसाद'	कंकाल (1929), तितली (1934), इरावती (अपूर्ण)
विश्वम्भरनाथ शर्मा 'कौशिक'	माँ (1929), भिखारिनी (1929)
चतुरसेन शास्त्री	हृदय की परख (1918), व्यभिचार (1924), हृदय की प्यास (1932), अमर अभिलाषा (1933), आत्मदाह (1936), पूर्णाहुति, रक्त की प्यास, अपराजिता, वयंरक्षामः, वैशाली की नगरवधू, सोमनाथ, आलमगीर आदि।
शिवपूजन सहाय	देहाती दुनिया (1926)
बेचन शर्मा 'उग्र'	चन्द हसीनों के खतूत (1927), दिल्ली का दलाल (1927), बुधुवा की बेटी (1928), शराबी (1930), सरकार तुम्हारी आँखों में (1937), जीजाजी (1943), घण्टा (1945)
ऋषभचरण जैन	मास्टर साहब, गदर, चाँदनी रात, वेश्यापुत्र, मन्दिरदीप, चम्पाकली
भगवती प्रसाद बाजपेयी	मीठी चुटकी, अनाथ पत्नी, प्रेमपथ, लालिमा, पतिता की साधना, पिपासा, दो बहनें, त्यागमयी, निमंत्रण, गुप्तधन, चलते-चलते, पतवार, यथार्थ के आगे, सूनी राह, उनसे कहना, दरार और धुआँ, टूटा टी सेट इत्यादि।
जैनेन्द्र कुमार	परख (1929), सुनीता (1935), त्यागपत्र (1937), कल्याणी, सुखदा, विवर्त, जयवर्धन, मुक्तिबोध

भगवतीचरण वर्मा	पतन (1927), चित्रलेखा (1934), तीन वर्ष (1936), टेढ़े-मेढ़े रास्ते, आखिरी दाँव, भूले-बिसरे चित्र (1959), सामर्थ्य और सीमा, रेखा, सबहि नचावत राम गुसाईं
उपेन्द्रनाथ 'अश्क'	गिरती दीवारें (1947), गर्म राख (1952), बड़ी-बड़ी आँखें (1954), पत्थर अल पत्थर (1957)
सुमित्रानन्दन पन्त	हार (1960)
सूर्यकान्त त्रिपाठी 'निराला'	अप्सरा (1931), अलका (1933), प्रभावती (1936), निरुपमा (1936)
सियारामशरण गुप्त	गोद (1932), अन्तिम आकांक्षा (1934), नारी (1937)
अज्ञेय	शेखर : एक जीवनी (1941), नदी के द्वीप (1951), अपने-अपने अजनबी (1961)
इलाचन्द्र जोशी	घृणामयी (1929), संन्यासी (1941), पर्दे की रानी (1941), प्रेत और छाया, निर्वासित (1946), मुक्तिपथ (1950), जिप्सी, जहाज का पंछी (1955), ऋतुचक्र, भूत का भविष्य (1973)
यशपाल	दादा कामरेड (1941), देशद्रोही (1943), पार्टी कामरेड (1946), मनुष्य के रूप (1949), झूठा-सच (दो भागों में 1958)
रामेश्वर शुक्ल 'अंचल'	चढ़ती धूप (1945), नई इमारत (1946), उल्का (1947), मरुप्रदीप (1951)
अमृतलाल नागर	नवाबी मसनद, सेठ बाँकेमल, महाकाल (1946), बूँद और समुद्र (1956), शतरंज के मोहरे (1959), सुहाग के नूपुर (1960), अमृत और विष (1966), एकदा नैमिषारण्य (1972), मानस का हंस (1972)
वृन्दावन लाल वर्मा	विराटा की पद्मिनी (1936), झाँसी की रानी (1946), कचनार (1948), मृगनयनी (1950), अहिल्याबाई (1955), माधोजी सिंधिया (1957), भुवनविक्रम (1957)
आचार्य हजारीप्रसाद द्विवेदी	बाणभट्ट की आत्मकथा (1946), चारुचन्द्र लेख (1963), पुनर्नवा (1973), अनामदास का पोथा (1976)
राहुल सांकृत्यायन	सिंह सेनापति, जय यौधेय, वोल्गा से गंगा तक

रांगेय राघव	मुर्दों का टीला (1948), कब तक पुकारूँ (1957), मेरी भवबाधा हरो, विषादमठ, लखिमा की आँखें, देवकी का बेटा, यशोधरा जीत गई, अँधेरे के जुगनूँ
मुक्तिबोध	विपात्र
नागार्जुन	बलचनमा (1952), रतिनाथ की चाची, नई पौध, बाबा बटेसर नाथ, दुःखमोचन, वरुण के बेटे, कुम्भीपाक, उग्रतारा
फणीश्वरनाथ 'रेणु'	मैला आँचल (1954), परती परिकथा, दीर्घतपा, जुलूस, कितने चौराहे, कलंक-मुक्ति, पतिव्रता, पल्टू बाबू रोड
उदयशंकर भट्ट	सागर लहरें और मत्स्य (1956)
शानी	काला जल, साँप और सीढ़ी, नदियाँ और सीपियाँ
भैरव प्रसाद गुप्त	सती मैया का चौरा, मशाल, गंगा मैया
राही मासूम रजा	आधा गाँव, टोपी शुक्ला, नीम का पेड़, सीन-75, असंतोष के दिन, ओस की बूँद, कटरा बी आरजू
शिवप्रसाद सिंह 'रुद्र'	अलग-अलग वैतरणी, बहती गंगा, गली आगे मुड़ती है
रामदरश मिश्र	पानी की प्राचीर, जल टूटता हुआ, सूखता हुआ तालाब
राजेन्द्र अवस्थी	जंगल के फूल, जाने कितनी आँखें, बीमार शहर
धर्मवीर भारती	गुनाहों का देवता, सूरज का सातवाँ घोड़ा
देवराज	पथ की खोज, बाहर-भीतर, रोड़े और पत्थर, अजय की डायरी, मैं, वे और आप
मन्मथनाथ गुप्त	बहता पानी (1955)
काशीनाथ सिंह	अपना मोर्चा, काशी का अस्सी
अमृतराय	बीज, नागफनी का देश, हाथी के दाँत
लक्ष्मीनायराण लाल	मनवृन्दावन, धरती की आँखें, काले फूलों का पौधा, हरा समन्दर गोपी चन्दर, रूपाजीवा, प्रेम, बड़ी चम्पा छोटी चम्पा
राजेन्द्र यादव	उखड़े हुए लोग, प्रेत बोलते हैं, शह और मात, अनदेखे अनजाने पुल
मन्नू भण्डारी	आपका बंटी, महाभोज, एक इंच मुस्कान (सहयोगी लेखक राजेन्द्र यादव)

गिरिधर गोपाल	चाँदनी रात के खंडहर
सर्वेश्वरदयाल सक्सेना	सोया हुआ जल, पागल कुत्तों का मसीहा, अँधेरे पर अँधेरा, उड़ते हुए रंग
नरेश मेहता	डूबते मस्तूल, प्रथम फाल्गुन, धूमकेतु, नदी यशस्वी है, यह पथ बन्धु था, उत्तरकथा
मोहन राकेश	अँधेरे बन्द कमरे (1961), न आने वाला कल, नीली बाँहों की रोशनी में, काँपता हुआ दरिया, कई एक अकेले, अन्तराल
निर्मल वर्मा	लाल टीन की छत, रात का रिपोर्टर, वे दिन, एक चिथड़ा सुख
श्रीलाल शुक्ल	रागदरबारी, विश्रामपुर का संत, सीमाएँ टूटती हैं, आदमी का जहर, अज्ञातवास
भीष्म साहनी	तमस, झरोखे, कड़ियाँ, बसंती
गिरिराज किशोर	जुगलबन्दी, ढाई घर, यथा प्रस्तावित, चिड़ियाघर, साहब, मात्राएँ, पहला गिरमिटिया
कृष्णा सोबती	सूरजमुखी अँधेरे के, डार से बिछुड़ी, मित्रो मरजानी, यारों के यार, दिलोदानिश, हम हशमत, जिन्दगीनामा
उषा प्रियंवदा	पचपन खम्भे लाल दीवार
रमेश बख्शी	अठारह सूरज के पौधे
विष्णु प्रभाकर	निशिकान्त, तट के बन्धन, अर्द्धनारीश्वर, स्वप्नमयी
राजकमल चौधरी	मछली मरी हुई
श्रीकान्त वर्मा	दूसरी बार
महेन्द्र भल्ला	एक पति के नोट्स
जगदम्बा प्रसाद दीक्षित	मुरदाघर
देवराज	दोहरी आग की लपट
मुद्राराक्षस	अचला एक मनःस्थिति
कान्ता भारती	रेत की मछली
मृदुला गर्ग	चितकोबरा, उसके हिस्से की धूप, वंशज, कठगुलाब, मैं और मैं
मधुकर सिंह	सबसे बड़ा छल
गोविन्द मिश्र	लाल-पीली जमीन
जगदीशचन्द्र	मुट्ठीभर कांकर
शरत् चन्द्र	श्रीकान्त, देवदास, चरित्रहीन, गृहदाह, परिणीता

कमलेश्वर	डाक बँगला, काली आँधी, समुद्र में सोता हुआ आदमी, सुबह दोपहर शाम, एक सड़क सत्तावन गलियाँ
शैलेश मटियानी	आकाश कितना अनन्त है, मुठभेड़, सर्पगन्धा, डेरे वाले, बावन नदियों का संगम, चन्द औरतों का शहर, किस्सा नर्मदा बेन गंगूबाई, बोरीबली से बोरीबन्दर तक, उगते सूरज की कृपा
विमल मित्र	मुजरिम हाजिर है, कैसे-कैसे सच, मन क्यों उदास है, हम चाकर रघुनाथ के
ममता कालिया	बेघर (1971), नरक दर नरक (1975), प्रेम कहानी (1980), दुक्खम-सुक्खम (2009)
प्रभा खेतान	आओ पें पें घर चलें (1990), तालाबन्दी (1991), छिन्नमस्ता (1993), अपने-अपने चेहरे (1993), पीली आँधी (1996)
नासिरा शर्मा	सात नदियाँ एक समुन्दर (1984), शाल्मली (1987), ठीकरे की मँगनी (1989), जिन्दा-मुहावरे (1993), अक्षयवट (2003), कुइयांजान (2003)
मृणाल पाण्डेय	पटरंग पुराण (1983), रास्तों पर भटकते हुए (2000)
लता शर्मा	सही नाप के जूते (2009)
विभूतिनारायण राय	घर (1982), किस्सा लोकतन्त्र (1983), शहर के कर्फ्यू (1986), तबादला (2001), प्रेम की भूतकथा (2009)
अलका सरावगी	कलिकथा वाया बाईपास (1998), शेष कादम्बरी (2001)

प्रसिद्ध कहानीकार और उनके कहानी-संग्रह/कहानियाँ

लेखक	रचनाएँ
इंशाअल्ला खाँ	रानी केतकी की कहानी (1872)
किशोरीलाल गोस्वामी	इन्दुमती (1900), गुलबहार, चन्द्रिका
माधवराव सप्रे	एक टोकरी भर मिट्टी (1901)
भगवान दास	प्लेग की चुड़ैल (1902)
रामचन्द्र शुक्ल	ग्यारह वर्ष का समय (1903)
गिरिजा दत्त बाजपेई	पति का पवित्र प्रेम, पंडित और पंडितानी (1903)
राधिका रमण प्रसाद	कानों में कंगना (1913), कुसुमांजलि, गांधी टोपी (1938), सावनी समा (1938)
राजेन्द्रबाला घोष (बंग महिला)	चन्द्रदेव से मेरी बातें (1904), कुंभ में छोटी बहू (1906), जुलाई वाला (1907), दलिया (1909)
चन्द्रधर शर्मा 'गुलेरी'	सुखमय जीवन (1911), बुद्धू का काँटा, उसने कहा था (1915)
विश्वम्भर नाथ शर्मा कौशिक	रक्षा बंधन (1912), गर्भ मंदिर (1919), चित्रशाला कलोल (1933), प्रेम प्रतिमा, मणि माला
जयशंकर प्रसाद	ग्राम (1911), प्रतिध्वनि (1926), आकाशदीप (1929), आँधी (1931), इन्द्रजाल (1936), खण्डहर की लिपि, पत्थर की पुकार, उस पार का योगी, प्रतिमा, कला, देवदासी, मधुवा, सालवती, देवरथ, पुरस्कार, गुण्डा, विराम-चिन्ह, पाप की पराजय, स्वर्ग के खण्डहर, छोटा जादूगर, दासी, वृत्तभंग।

प्रेमचन्द	सौत (1915), पंचपरमेश्वर (1916), बलिदान (1918), आत्माराम (1920), बूढ़ी काकी (1921), विचित्र होली (1921), गृहदाह (1922), हार की जीत (1922), परीक्षा (1923), आपबीती (1923), उद्धार (1924), सवा सेर गेहूँ (1924), शतरंज के खिलाड़ी (1925), माता का हृदय (1925), कजाकी (1926), सुजान भगत (1927), इस्तीफा (1928), अलग्योझा (1929), पूस की रात (1930), तावान (1931), होली का उपहार (1931), ठाकुर का कुआँ (1932), बेटों वाली विधवा (1932), ईदगाह (1933), नशा (1934), बड़े भाई साहब (1934), कफन (1936), दिल की रानी, सारंगा सदावृक्ष, मैकू, नमक का दरोगा, मोटेराम शास्त्री
सुदर्शन	सुप्रभात (1923), परिवर्तन (1926), सुदर्शन सुधा (1926), तीर्थयात्रा (1927), सुदर्शन सुमन (1933), पनघट (1939), नगीने (1947), झरोखे (1939)
चतुरसेन शास्त्री	दुखवा मैं कासों कहूँ मोरी सजनी, प्रबुद्ध, आम्रपाली, भिक्षुराज, बावर्चिन, वाण-वधू, हल्दीघाटी में, ककड़ी की कीमत
पाण्डेय बेचन शर्मा 'उग्र'	चिनगारियाँ (1923), शैतान मण्डली (1924), इन्द्रधनुष (1927), बलात्कार (1927), चाकलेट (1928), दोजख की आग (1929), निर्लज्जा
जैनेन्द्र	खेल (1928), फाँसी (1929), वातायन (1930), नीलमदेश की राजकन्या (1933), एक रात (1934), दो चिड़ियाँ (1935), पाजेब (1942), जयसन्धि (1949)
यशपाल	पिंजरे की उड़ान (1939), ज्ञानदान (1939), अभिशप्त (1943), तर्क का तूफान (1944), भस्मावृत्त चिंगारी (1946), वो दुनिया (1948), फूलों का कुर्ता (1949), धर्मयुद्ध (1950), उत्तराधिकारी (1951), चित्र का शीर्षक

	(1951), उत्तमी की माँ (1955), सच बोलने की भूल (1962), खच्चर और आदमी (1965), भूख के तीन दिन (1968)
इलाचन्द्र जोशी	धूपरेखा (1938), दीवाली और होली (1942), रोमांटिक छाया (1943), आहुति (1945), खण्डहर की आत्माएँ (1948), डायरी के नीरस पत्र (1951), कँटीले फूलों के लजीले काँटे (1957)
अज्ञेय	विपथगा (1937), परम्परा (1940), कोठरी की बात (1945), शरणार्थी (1948), जयदोल (1951), अमरबल्लरी (1954), ये तेरे प्रतिरूप (1961)
उपेन्द्रनाथ 'अश्क'	अंकुर, नासूर, डावी, पिंजरा, गोखरू (1933-36), छींटे (1949), सत्तर श्रेष्ठ कहानियाँ (1958), पलंग (1961), आकाशचारी (1966)
भगवती चरण वर्मा	दो बांके 1936, इंस्टॉलमेंट, मुगलों ने सल्तनत बख्श दी, मोर्चाबंदी
विष्णु प्रभाकर	आदि और अंत (1945), रहमान का बेटा (1947), जिंदगी के थपेड़े (1952), धरती अब भी घूम रही है (1970), सांची और कला (1962), पुल टूटने से पहले (1977), मेरा वतन (1980), खिलौने (1981), एक और कुंती (1985), जिंदगी एक रिहर्सल (1986), आसमान के नीचे (1989), कर्फ्यू और आदमी (1994), आखिर क्यों (1998), मैं नारी हूं (2001), ईश्वर का चेहरा (2003)
रांगेय राघवं	साम्राज्य का वैभव (1947), समुद्र के फेन (1947), देवदासी (1947), जीवन के दाने (1949), अधूरी मुहूर्त (1949), अंगारे ना बुझे (1951), इंसान पैदा हुआ (1951)
अमृतराय	जीवन के पहलू (1947), तिरंगे कफन (1948), इतिहास
भीष्म साहनी	भाग्यरेखा (1953), पहला पाठ (1957), भटकती राख (1966), पटरियाँ (1973), वाचू (1978),

	शोभायात्रा (1981), निशाचर (1983), पाली (1989), डायन (1998), चीफ की दावत, अमृतसर आ गया है, ओ हरामजादे, वाङ्चू और त्रास
मुक्तिबोध	काठ का सपना (1967), सतह से उठता आदमी (1971)। 'नई जिन्दगी', 'जलना', 'पक्षी और दीमक', 'विपात्र'
भैरव प्रसाद गुप्त	मुहब्बत की राहें (1945), फरिश्ता (1946), बिगड़े हुए दिमाग (1948), इन्सान (1950), सितार के तार (1951), बलिदान की कहानियाँ (1951), मंजिल (1951), महफिल (1958), सपने का अन्त (1961), आँखों का सवाल (1965), मंगली की टिकुली (1982), आप क्या कर रहे हैं (1983)
अमरकान्त	जिन्दगी और जोंक, देश के लोग, मौत का नगर, मित्र मिलन, कुहासा, एक धनी व्यक्ति का बयान (1997), सुख और दु:ख का साथ (2002)। 'दोपहर का भोजन', 'डिप्टीकलक्टरी'।
राजेन्द्र यादव	देवताओं की मूर्तियाँ (1952), खेल खिलौने (1954), जहाँ लक्ष्मी कैद है (1957), अभिमन्यु की आत्महत्या (1959), छोटे-छोटे ताजमहल (1962), किनारे-से-किनारे तक (1963), टूटना (1966), अपने पार (1968), ढोल और अन्य कहानियाँ (1972), हासिल तथा अन्य कहानियाँ (2006)
मोहन राकेश	इन्सान के खण्डहर (1950), नए बादल (1957), जानवर और जानवर (1958), एक और जिन्दगी (1961), फौलाद का आकाश (1966)
कमलेश्वर	राजा निरबंसिया (1957), कस्बे का आदमी (1958), खोई हुई दिशाएँ (1963), मांस का दरिया (1966), बयान (1973), आजादी मुबारक (2002)। खोई हुई दिशाएँ, जॉर्ज पंचम की नाक, अपना एकान्त, मानसरोवर के हंस, इतने अच्छे दिन, कितने पाकिस्तान।

धर्मवीर भारती	मुर्दों का गाँव (1946), स्वर्ग और पृथ्वी (1949), चाँद और टूटे हुए लोग (1955), बन्द गली का आखिरी मकान (1969), नई कहानी के दौर में, गुल्कीबन्नो
लक्ष्मीनारायण लाल	सूने आंगन रस बरसे (1960), नए स्वर नयी रेखाएं (1962), एक बूंद जल (1964), एक और कहानी (1964), डाकू आए थे (1974)
कृष्ण बलदेव वैद	बीच का दरवाजा (1963), मेरा दुश्मन (1966), दूसरे किनारे से (1970), लापता (1974), उसका बयान (1974), वह और मैं (1978), लीला और अन्य कहानियाँ (1993), पिता की परछाइयाँ (1997), बदचलन बीबीयों का द्वीप (2000), बोधिसत्व की बीबी (2002)
शैलेश मटियानी	दो दुखों का एक सुख (1961), सुहागिनी तथा अन्य कहानियाँ (1966), हारा हुआ (1970), तीसरा सुख (1972), चील (1976)
मार्कंडेय	पानफूल (1954), पत्थर और परछाइयाँ (1956), महुआ का पेड़ (1957), हंसा जाई अकेला (1957), भूदान (1958), माही (1962), बीच के लोग (1975)
निर्मल वर्मा	परिन्दे (1960), जलती झाड़ी (1965), पिछली गर्मियों में (1968), बीच बहस में (1973), कव्वे और कालापानी (1983), सूखा तथा अन्य कहानियाँ (1995)
फणीश्वरनाथ 'रेणु'	ठुमरी (1959), आदिम रात्रि की महक (1967), अग्निखोर (1973), एक श्रावणी दोपहर की धूप (1984), अच्छे आदमी (1986)। इनकी ख्याति का आधार 'तीसरी कसम उर्फ मारे गए गुलफाम' रही है। 'रसप्रिया', 'ठुमरी', 'अग्निखोर', 'आदिम रात्रि की महक'
शिवप्रसाद सिंह	आर-पार की माला (1955), कर्मनाशा की हार (1958), इन्हें भी इन्तजार हैं (1961), मुरदासराय (1966), अन्धेरा हँसता है (1975), भेड़िये (1977)

गंगा प्रसाद विमल	विध्वंस (1965), शहर में (1966), बीच की दरार (1968), अतीत में कुछ (1972), कोई शुरुआत (1973), खोई हुई थाती (1975)
रवीन्द्र कालिया	नौ साल छोटी पत्नी (1969), काला रजिस्टर (1972), गरीबी हटाओ (1976), चकैया नीम (1979)
रघुवीर सहाय	रास्ता इधर से है (1972), जो आदमी हम बना रहे हैं (1982)
रमेश बक्षी	एक अमूर्त तकलीफ (1968), तलघर (1969), सजा (1970)
शेखर जोशी	दाज्यू (1953), कोसी का घटवार (1957), अप्रतीक्षित (1958), सहयात्री (1959), प्रश्नवाचक आकृतियाँ (1961), समर्पण (1961), मृत्यु (1961), दौड़ (1965), रास्ते (1965), बदबू, साथ के लोग (1967), हलवाहा (1981), मेरा पहाड़ (1989), नौरंगी बीमार है (1990), डांगरी वाले (1994)
ज्ञान रंजन	फेन्स के इधर-उधर (1968), यात्रा (1971), क्षणजीवी (1977), सपना नहीं (1977)। आपकी 'घण्टा', 'बहिर्गमन' और 'अनुभव'
काशीनाथ सिंह	लोग बिस्तरों पर (1968), सुबह का डर (1975), आदमीनामा (1978), नई तारीख (1979), कल की फटेहाल कहानियाँ (1980), सदी का सबसे बड़ा आदमी (1986)
दूधनाथ सिंह	सपाट चेहरे वाला आदमी (1967), सुखान्त (1971), पहला कदम (1976), माई का शोकगीत (1992), नमो अंधकारः (1998), धर्म क्षेत्रे-कुरुक्षेत्रे (2002), निष्कासन (2002)। इनकी 'विजेता', 'कबन्ध', 'रीछ', 'सुखान्त' और 'प्रतिशोध'
गिरिराज किशोर	चार मोती बेआब (1963), नीम के फूल (1964), पेपरवेट (1967), शहर-दर-शहर (1976), हम प्यार कर लें (1980), वल्दरोजी

	(1989), गाना बड़े गुलाम अली खाँ का (1985), यह देह किसकी है (1990), आन्द्रे की प्रेमिका तथा अन्य कहानियाँ (1995)
हिमांशु जोशी	अंततः (1965), रथ चक्र (1975), मनुष्य चिह्न (1976), जलते हुए डैने (1980), सागर तट का शहर (2005)
रामदरश मिश्र	खाली घर (1969), एक वह (1974), दिनचर्या (1979), सर्पदंश (1982), वसंत का दिन (1982), अपने लिए (1992), आज का दिन भी (1996), एक कहानी लगातार (1997), फिर कब आएँगे (1998), विदूषक (2002)
रमेशचन्द्र शाह	जंगल में आग (1979), मुहल्ले का रावण (1982), मानपत्र (1992), थियेटर (1995)
गोविन्द मिश्र	नए-पुराने माँ-बाप (1973), अन्तःपुर (1976), रगड़ खाती आत्माएँ (1978), धाँसू (1978), अपाहिज (1980), खुद के खिलाफ (1981), खाक इतिहास (1984), पगला बाबा (1987), आसमान कितना नीला (1992), हवाबाज (1998), मुझे बाहर निकालो (2004)
महीप सिंह	सुबह के फूल (1932), उजाले के उल्लू (1964), घिराव (1968), कुछ और कितना (1973), कितने सम्बन्ध (1979), दिल्ली कहाँ है (1985)
कामतानाथ	छुट्टियाँ (1977), तीसरी साँस (1977), सब ठीक हो जाएगा (1983), शिकस्त (1992), रिश्ते-नाते (1998)
विवेकी राय	नयी कोयल (1975), गूंगा जहाज (1977), बेटे की बिक्री (1981), कालातीत (1982), चित्रकूट के घाट पर (1988), सर्कस (2005)
संजीव	'अपराध' (पुरस्कृत तथा चर्चित कहानी है), तीस साल का सफरनामा (1981), प्रेतमुक्ति (1991), दुनिया की सबसे हसीन औरत

	(1993), ब्लैकहोल (1997), खोज (1999), गति का पहला सिद्धान्त (2004), गुफा का आदमी (2006)
शानी	बबूल की छाँव (1958), डाली नहीं फूलती (1959), छोटे घेरे का विद्रोह (1964), शर्त का क्या हुआ (1975), बिरादरी तथा अन्य कहानियाँ (1978), सड़क पार करते हुए (1979)
राकेश वत्स	अतिरिक्त तथा अन्य कहानियाँ (1970), अन्तिम प्रजापति (1975), अभियुक्त (1979), शुरुआत (1980), एक बुद्ध और (1986)
सेवाराम यात्री	दूसरे चेहरे (1980), केवल पिता (1978), अकर्मक क्रिया (1981), टूटता हुआ भय (1986), पीड़ा गनेशिया की (1994), चार मेहराबों वाली दालान (2006)
बदी उज्जमाँ	की अनित्य (1970), पुल टूटते हुए (1973), चौथा ब्राह्मण (1976)
विजय मोहन सिंह	टट्टू सवार (1971), एक बंगला बने न्यारा (1982), शेरपुर (1995), गमे हस्ती का हो किससे (2000)
अब्दुल बिस्मिल्लाह	टूटा हुआ पंख, कितने-कितने सवाल (1984), रैन बसेरा (1989), अतिथि देवो भव (1990), रफ-रफ मेल (2000)
नरेन्द्र कोहली	परिणति (1969), कहानी का अभाव (1977), दृष्टि देश में एकाएक (1979), सम्बन्ध (1980), शटल (1982)
उदय प्रकाश	दरियाई घोड़ा, तिरिछ (1989), और अन्त में प्रार्थना (1994), पाल गोमरा का स्कूटर (1997), पीली छतरी वाली लड़की (2001), दत्तात्रेय का दुःख (2002)
स्वयं प्रकाश	मात्रा और भार (1974), सूरज कब निकलेगा (1980), आएंगे अच्छे भी दिन (1991), आदमी रात का आदमी (1994), अगली किताब, आसमा कैसे-कैसे, अगले जन्म (2002), संधान (2006)

शिवमूर्ति	कसाईबाड़ा (1980), केसर कस्तूरी (1991)
शैलेन्द्र सागर	इस जुनून में (1989), मकान ढह रहा है (1993), माटी (2000), आमीन (2002), प्रतिरोध (2009)
प्रियंवद	एक अपवित्र पेड़ (1995), खरगोश (1999) फाल्गुन की एक उपकथा (2003)
ओमप्रकाश वाल्मीकि	पच्चीस चौका डेढ़ सौ (1993), सलाम (2000), घुसपैठिए (2003) दिनेश पाल जाटव उर्फ दिग्दर्शन, बैल की खाल
मोहनदास नैमिषराय	आवाज़ें (1997), अपना गाँव, क़र्ज़
दयानन्द बटोही	सुरंग (1995), कफन खोर
सूरज पाल सिंह चौहान	हैरी कब आएगा (1999), साजिश, छूत कर दिया, अहिल्या, टिल्लू का पोता
श्योराज सिंह बेचैन	अस्थियों के अक्षर, शोध प्रबन्ध

प्रमुख महिला कहानीकार

सुभद्रा कुमारी चौहान	बिखरे मोती (1932), उन्मादिनी (1934)
शिवरानी देवी	कौमुदी (1937)
चन्द्रकिरण सौनरेक्सा	आदमखोर (1945)
शिवानी	लाल हवेली (1965), पुष्पहार (1969), अपराधिनी (1972), रथ्या (1976), स्वयंसिद्धा (1977), रति विलाप (1977), पुष्पहार (1978)
कृष्णा सोबती	मित्रो मरजानी (लम्बी कहानी है। अत: इसे लघु उपन्यास भी कहा जा सकता है), बादलों के घेरे में (1980)
मन्नू भण्डारी	यही सच है (1966), मैं हार गई (1957), एक प्लेट सैलाब (1968), तीन निगाहों की एक तस्वीर (1968), त्रिशंकु (1978)
उषा प्रियम्वदा	'वापसी' (कहानी ख्याति का आधार बनी), जिन्दगी और गुलाब के फूल (1961), फिर वसन्त आया (1961), एक कोई दूसरा (1966), कितना बड़ा झूठ (1972)

उषा किरण खान	विवश विक्रमादित्य, दूब धान, गिली पांक, कासवन, जलधार
ममता कालिया	छुटकारा (1969), सीट नं. (1978), एक अदद औरत (1979), प्रतिदिन (1983), उसका यौवन (1985), बोलने वाली औरत (2000), मुखौटा (2000)
मंजुल भगत	गुलमोहर के गुच्छे (1974), टूटा हुआ इंद्रधनुष (1976), क्या छूट गया (1976), आत्महत्या के पहले (1979) कितना छोटा सफर (1979) बावन पत्ते एक जोकर (1982), लेडीज क्लब (1976), सफेद कौवा (1986), बूँद (1998), अंतिम बयान (2001)
चन्द्रकांता	सलाखों के पीछे (1975), गलत लोगों के बीच (1984), पोशनूल की वापसी (1988), दहलीज पर न्यास (1989), ओ सोन किसरी (1991), कोठे पर कागा (1993), सूरज उगने तक (1994), काली बर्फ़ (1996), बदलते हालात में (2002), अब्बू ने कहा था (2005)
मृणाल पांडे	दरमियान (1977), शब्दवेधी (1980), एक नीच ट्रेजेडी (1981), एक स्त्री का विदाई गीत (1983)
मृदुला गर्ग	कितनी कैदें (1975), टुकड़ा-टुकड़ा आदमी (1977), डिफोडिल जल रहे हैं (1978), ग्लेशियर से (1980), उर्फ सैम (1986), समागम (1996), मेरे देश की मिट्टी अहा (2001)
चित्रा मुद्गल	जहर ठहरा हुआ (1980), लाक्षागृह (1982), अपनी वापसी (1983), जगदम्बा बाबू गाँव आ रहे हैं (1992), जिनावर (1996), भूख (2001), लपटें (2002)।
राजी सेठ	अन्धे मोड़ के आगे (1979), तीसरी हथेली (1981), यात्रामुक्त (1987), दूसरे देशकाल में (1992), यह कहानी नहीं (1998), गमे हयात ने मारा (2006)

मैत्रेयी पुष्पा	चिन्हार (1991), ललमनियाँ (1996), गोमा हँसती है (1998)
मेहरुन्निसा परवेज	आदम और हव्वा (1972), टहनियों पर धूप (1977), फाल्गुनी (1978), गलत पुरुष (1978), अन्तिम चढ़ाई (1982), अम्मा (1997), समर (1999), लाल गुलाब (2006)
नासिरा शर्मा	शामी कागज, पत्थर गली (1986), संगसार (1993), इब्नेमरियम (1994), सबीना के चालीस चोर (1997), खुदा की वापसी (1998), इन्सानी नस्ल (2001), दूसरा ताजमहल (2002)
सुशीला टाकभौरे	सिलिया, टूटता वहम (1997)
मधु काकरिया	अंतहीन मरुस्थल (1999), बीते हुए (2004), और अंत में यीशु (2006)

अन्य गद्य विधाएँ

आत्मकथा

आत्मकथा लेखक	कृतियाँ
दयानन्द सरस्वती	जीवन चरित्र (1860)
सत्यानन्द अग्निहोत्री	मुझमें देव जीवन का विकास (1910)
भवानी दयाल संन्यासी	प्रवासी की कहानी (1939)
श्यामसुन्दर दास	मेरी आत्म कहानी (1941)
गुलाबराय	मेरी असफलताएँ (1941)
हरिभाऊ उपाध्याय	साधना के पथ पर (1946)
राहुल सांकृत्यायन	मेरी जीवन यात्रा (1946)
डॉ. राजेन्द्र प्रसाद	आत्मकथा (1947)
बलराज साहनी	मेरी फिल्मी आत्मकथा (1947)
वियोगी हरि	मेरा जीवन प्रवाह (1948)
भारतेन्दु	कुछ आप बीती कुछ जग बीती
यशपाल	सिंहावलोकन (तीन खंड क्रमश: 1951, 1952, 1955)
स्वामी सत्यदेव परिव्राजक	स्वतन्त्रता की खोज में (1951)
गंगाप्रसाद उपाध्याय	जीवन चक्र (1954)
पदुमलाल पुन्नालाल बख्शी	मेरी अपनी कथा (1958)
सेठ गोविन्ददास	आत्मनिरीक्षण (तीन भाग, 1958)
चतुरसेन शास्त्री	यादों की परछाइयाँ (1960), मेरी आत्म कहानी (1963)
देवराज उपाध्याय	बचपन के वो दिन, यौवन के द्वार पर
पाण्डेय बेचन शर्मा 'उग्र'	अपनी खबर (1960)
चतुरसेन शास्त्री	आत्मकहानी (1963)
उपेन्द्रनाथ अश्क	ज्यादा अपनी कम परायी (1959), चेहरे अनेक

	(1977)
संतराम बीए	मेरे जीवन के अनुभव (1963)
डॉ. भुवनेश्वर प्रसाद मिश्र	जीवन के चार अध्याय (1967)
हरिवंशराय बच्चन	क्या भूलूँ क्या याद करूँ (1969), नीड़ का निर्माण फिर (1970), बसेरे से दूर (1978), दशद्वार से सोपान तक (1985) (चार खंडों में)
वृन्दावन लाल वर्मा	अपनी कहानी (1970)
रामावतार अरुण	अरुणायन (1974)
डॉ. रामविलास शर्मा	घर की बात (1983), अपनी धरती अपने लोग (तीन खंडों में)
शिवपूजन सहाय	मेरा जीवन (1985)
अमृतलाल नागर	टुकड़े-टुकड़े दास्तान (1986)
डॉ. नगेन्द्र	अर्धकथा (1988)
कन्हैयालाल मिश्र 'प्रभाकर'	तपती पगडंडियों पर यात्रा (1989)
फणीश्वरनाथ 'रेणु'	आत्मपरिचय (1988)
रामदरश मिश्र	सहचर है समय (1991), फुर्सत के दिन (2000)
कमलेश्वर	गर्दिश के दिन (1980), आत्मकथा (तीन खंडों में) जो मैंने किया (1992), यादों के चिराग (1997), जलती हुई नदी (1999)
मूलचन्द अग्रवाल	पत्रकार की आत्मकथा
गोपाल प्रसाद व्यास	कहो व्यास कैसी कटी (1994)
नागार्जुन	विषकीट (1999)
रवीन्द्र कालिया	गालिब छुटी शराब (2000)
भगवतीचरण वर्मा	कहि न जाय का कहिए (2001)
राजेन्द्र यादव	मुड़-मुड़ कर देखता हूँ (2001), देहरि भई विदेस (2005)
अखिलेश	और वह जो यथार्थ था (2001)
भीष्म साहनी	आज के अतीत (2003)
अशोक बाजपेयी	पाव भर जीरे में ब्रह्मभोज (2003)
स्वदेश दीपक	मैंने माण्डू नहीं देखा (2003)
विष्णु प्रभाकर	पंखहीन, मुक्त गगन में और पंछी उड़ गया (2004)
रवीन्द्रनाथ त्यागी	वसंत से पतझर तक (2005)
मिथिलेश्वर	पानी बिन मीन पियासी
विश्वनाथ प्रसाद तिवारी	दिनरैन (2014)

गोपीचन्द नारंग	सफ़र आशना (2014)
ए.पी.जे. अब्दुल कलाम	अग्नि की उड़ान टर्निंग पॉइंट्स (2015)
हंसराज रहबर	मेरे सात जन्म (तीन खंडों में)

महिला रचनाकारों की आत्मकथाएँ

आत्मकथा लेखक	कृतियाँ
अनीता राकेश	सतरें और सतरें
चन्द्रकान्ता	हाशिए की इबारतें
शिवानी	सुनहु तात यह अकथ कहानी (1998)
पद्मा सचदेव	बूँद बावड़ी (1999)
शीला झुनझुनवाला	कुछ कही कुछ अनकही (2000)
मैत्रेयी पुष्पा	कस्तूरी कुण्डल बसै (2002), गुड़िया भीतर गुड़िया (2012)
मन्नू भण्डारी	एक कहानी यह भी, कली यह भी (2007)
चन्द्रकिरण सौनरिक्सा	पिंजरे में मैना (2010)
कृष्णा अग्निहोत्री	लगता नहीं है दिल मेरा (1997), और ... और ... औरत (2010)
प्रभा खेतान	अन्या से अनन्या (2010)
ममता कालिया	कितने शहरों में कितनी बार (2011)
जोहरा सहगल	करीब से (2013)
राजी सेठ	जहाँ से उजास (2013)
रमणिका गुप्ता	आपहुदरी (2014)
निर्मला जैन	जमाने में हम (2015)
जानकी देवी बजाज	मेरी जीवन यात्रा
प्रतिभा अग्रवाल	दस्तक जिन्दगी की, मोड़ जिन्दगी का
कुसुम अन्सल	जो कहा नहीं गया

दलित लेखकों की आत्मकथाएँ

आत्मकथा लेखक	कृतियाँ
डी.आर. जाटव	मेरा सफर मेरी मंजिल
माता प्रसाद	झोंपड़ी से राजभवन (2002)

नवेन्दु महर्षि	इंसान से ईश्वर तक, मेरे मन की बाइबिल, रुकी हुई रोशनी (2011), मेरा बचपन मेरा संघर्ष (2012)
भालचन्द्र मुणगेकर	मेरी हकीकत (2010)
सुशीला टाकभौरे	शिकंजे का दर्द (2012)
तुलसीराम	मुर्दहिया (2012), मणिकर्णिका (2013)
बलवीर माधोपुरी	छंग्यारुख (2012)
कौशल्या वैसंत्री	दोहरा अभिशाप
दया पवार	अछूत (2011)
भगवान दास	मैं भंगी हूँ (1981)
मोहनदास नैमिषराय	'अपने-अपने पिंजरे' भाग-1 (1995), 'अपने-अपने पिंजरे' भाग-2 (2000)
ओमप्रकाश वाल्मीकि	जूठन (1997)
सूरजपाल चौहान	तिरस्कृत (2002), संतप्त (2006)
रूपनारायण सोनकर	नागफनी (2005)
श्योराज सिंह बेचैन	मेरा बचपन मेरे कन्धों पर (2009)
डॉ. धर्मवीर	मेरी पत्नी और भेड़िया (2009)
शरण कुमार लिंबाले	अक्करमाशी
रमाशंकर आर्य	घुटन
लक्ष्मण गायकवाड़	उचक्का (2011)

हिन्दी के प्रमुख जीवनीकार एवं उनकी जीवनियाँ

जीवनी लेखक	**जीवनियाँ**
भारतेन्दु हरिश्चन्द्र	बादशाह दर्पण, पंच पवित्रात्मा
रामविलास शर्मा	निराला की साहित्य साधना
अमृतराय	कलम का सिपाही (1962)
शान्ति जोशी	पन्त की जीवनी
विष्णु प्रभाकर	आवारा मसीहा (1974)
भगवती प्रसाद सिंह	मनीषी की लोकयात्रा
घनश्यामदास बिड़ला	बापू (1940), मेरे जीवन में गांधी जी (1975)
काका कालेलकर	बापू की झाँकियाँ (1948)
डॉ. राजेन्द्र प्रसाद	चम्पारन में महात्मा गांधी (1919), बापू के कदमों में (1950)

रतनलाल बंसल	अमर शहीद चन्द्रशेखर आजाद (1946)
द्वारका प्रसाद शर्मा	भीष्म पितामह (1940)
जीवनलाल प्रेम	गुरु गोविन्द सिंह (1945)
चन्द्रबली त्रिपाठी	धर्मराज युधिष्ठिर
शिवरानी देवी (मुंशी प्रेमचन्द की पत्नी)	प्रेमचन्द घर में (1949)
मदनगोपाल	कलम का मजदूर (1965)
गंगाप्रसाद पाण्डेय	महाप्राण निराला
प्रतिभा अग्रवाल	प्यारे हरिश्चन्द्रजू (1997)
सुलोचना रांगेय राघव	रांगेय राघव : एक अंतरंग परिचय (1997)
मदनमोहन ठाकौर	'राजेन्द्र यादव-मार्फत मदनमोहन ठाकौर' (1999)
बिन्दु अग्रवाल	स्मृति के झरोखे में (1999) (भारत भूषण अग्रवाल के जीवन पर आधारित)
महिमा मेहता	उत्सव पुरुष : नरेश मेहता (2003)
कुमुद नागर	वटवृक्ष की छाया में (2004) (अमृतलाल नागर के जीवन पर आधारित)
जैनेन्द्र कुमार	अकाल पुरुष गांधी (1968)
शिवकुमार कौशिक	प्रियदर्शिनी इन्दिरा गांधी (1970)
शान्ति जोशी	सुमित्रानन्दन पन्त : जीवन और साहित्य
जगदीश चन्द्र माथुर	जिन्होंने जीना जाना (1954) (इसमें 12 प्रसिद्ध व्यक्तियों-सात साहित्यकारों, दो राजनेताओं, एक विचारक, एक कलाकार और एक अभिनेत्री का जीवन चरित्र प्रस्तुत किया गया है)
नाभादास	भक्तमाल (1585)
गोसाईं गोकुलनाथ	चौरासी वैष्णवन की वार्ता, दो सौ वैष्णवन की वार्ता
गोपाल शर्मा शास्त्री	दयानन्द दिग्विजय (1881)
रमाशंकर व्यास	नेपोलियन बोनापार्ट का जीवन चरित्र (1883)
कार्तिक प्रसाद खत्री	महाराज विक्रमादित्य (1883), अहिल्याबाई (1887), छत्रपति शिवाजी का जीवन चरित्र (1890), मीराबाई का जीवन चरित्र (1893)

राधाकृष्ण दास	श्री नागरीदास जी का जीवन चरित्र (1894), कविवर बिहारीलाल (1895), सूरदास (1900), भारतेन्दु हरिश्चन्द्र का जीवन चरित्र (1904)
सम्पूर्णानन्द	महाराज छत्रसाल (1916), चेतसिंह और काशी का विद्रोह (1919), महादजी सिन्धिया (1920), सम्राट हर्षवर्द्धन (1920), सम्राट अशोक (1924), धर्मवीर गांधी (1914)
मन्मथनाथ गुप्त	चन्द्रशेखर आजाद (1938), गुरुनानक (1938)
महावीरप्रसाद द्विवेदी	प्राचीन पण्डित और कवि (1918), सुकवि संकीर्तन (1924), चरितचर्चा (1929)
गौरीशंकर हीराचन्द ओझा	कर्नल जेम्स टॉड (1902)
बालमुकुन्द गुप्त	प्रतापनारायण मिश्र (1907)
बाबू श्यामसुन्दर दास	हिन्दी कोविद रत्नमाला (प्रथम भाग - 1909, द्वितीय भाग-1914), हिन्दी के चालीस साहित्यकारों की जीवनियाँ
आचार्य रामचन्द्र शुक्ल	बाबू राधाकृष्ण दास (1913)
बनारसीदास चतुर्वेदी	कविरत्न सत्यनारायण जी की जीवनी (1926)
गणेश शंकर विद्यार्थी	श्री गांधी (1931)
सीताराम चतुर्वेदी	महामना पण्डित मदनमोहन मालवीय (1937)
शिवरानी देवी	प्रेमचन्द घर में (1949)
छविनाथ पाण्डेय	नेताजी सुभाष (1946)
शिव प्रसाद सिंह	उत्तरयोगी : श्री अरविन्द (1972)
विष्णु चन्द्र शर्मा	अग्निसेतु (1954) (बांग्ला के विद्रोही कवि नजरुल इस्लाम के जीवन पर आधारित), समय साम्यवादी (1997) (राहुल सांकृत्यायन के जीवन पर आधारित)
शोभाकान्त	बाबूजी (1991) (नागार्जुन के जीवन पर आधारित)
तेज बहादुर चौधरी	मेरे बड़े भाई शमशेर जी (1995)
कमला सांकृत्यायन	महामानव महापण्डित (1955) (राहुल सांकृत्यायन के जीवन पर आधारित)

रेखाचित्र

रचनाकार	रचना
पद्मसिंह शर्मा	पद्मपराग (1929)
श्रीराम शर्मा	बोलती प्रतिमा (1937), अतीत के चलचित्र (1941), स्मृति की रेखाएँ (1947), पथ के साथी (1956), मेरा परिवार (1972), स्मारिका (1971)
रामवृक्ष बेनीपुरी	माटी की मूरतें (1946), लालतारा (1941), गेहूँ और गुलाब (1950), मील के पत्थर (1957)
गुलाब राय	ठलुआ क्लब
डॉ. रामविलास शर्मा	पंचरत्न
डॉ. नगेन्द्र	चेतना के बिम्ब (1967)
विनय मोहन शर्मा	रेखा और रंग (1955)
उपेन्द्रनाथ अश्क	रेखाएँ और चित्र (1955)
देवेन्द्र सत्यार्थी	रेखाएँ बोल उठीं (1949)
जगदीश चन्द्र माथुर	दस तस्वीरें (1963)
शिवपूजन सहाय	वे दिन वे लोग (1965)
सेठ गोविन्द दास	स्मृतिकण (1959)
कृष्णा सोबती	हमहशमत (1977)
डॉ. रामविलास शर्मा	विराम चिह्न (1985)
प्रतापनारायण टण्डन	रेखाचित्र (1959)
विष्णु प्रभाकर	दहकती भट्ठी

संस्मरण

रचनाकार	रचना
महावीरप्रसाद द्विवेदी	अनुमोदन का अन्त (1905)
	सभा की सत्यता (1907) विज्ञानाचार्य वसु का मन्दिर
बालमुकुन्द गुप्त	हरिऔध जी के संस्मरण
राहुल सांकृत्यायन	मेरे बचपन की स्मृतियाँ (1955)
	मेरे असहयोग के साथी (1956)

उपेन्द्रनाथ अश्क	मन्टो मेरा दुश्मन (1956)
इलाचन्द्र जोशी	कुछ संस्मरण
	मेरे प्रारम्भिक जीवन की स्मृतियाँ
रामवृक्ष बेनीपुरी	जंजीरें और दीवारें (1957)
कन्हैयालाल मिश्र 'प्रभाकर'	जिन्दगी मुस्कराई (1953)
हरिवंशराय बच्चन	नए-पुराने झरोखे (1962)
भगवतीचरण वर्मा	अतीत के गर्त से
फणीश्वरनाथ 'रेणु'	वन तुलसी की गन्ध (1984)
भगवती शरण सिंह	रस गगन गुफा में
काशीनाथ सिंह	याद हो कि न याद हो (1992)
अमृतराय	जिनकी याद हमेशा रहेगी (1992)
प्रकाशवती पाल	लाहौर से लखनऊ तक
दूधनाथ सिंह	लौट आओ धार
रवीन्द्र कालिया	सृजन के सहयात्री
विद्यानिवास मिश्र	चिड़िया रैनबसेरा
विष्णु प्रभाकर	कुछ शब्द : कुछ रेखाएँ (1965)
हजारीप्रसाद द्विवेदी	मृत्युंजय रवीन्द्र
भगवत शरण उपाध्याय	मैंने देखा
अज्ञेय	आत्मनेपद
	अरे यायावर रहेगा याद
	गांधी : कुछ स्मृतियाँ

यात्रावृत्तांत

लेखक	यात्रावृत्त
सत्यदेव परिव्राजक	मेरी कैलाश यात्रा (1915), मेरी जर्मन यात्रा (1926), मेरी पाँचवीं जर्मन यात्रा (1955)
भारतेन्दु हरिश्चन्द्र	सरयू पार की यात्रा, मेंहदावल की यात्रा, मेरी लखनऊ यात्रा
भगवतशरण उपाध्याय	कलकत्ता से पेकिंग (1953), वह दुनिया में (1952), सागर की लहरों पर (1959)
राहुल सांकृत्यायन	मेरी तिब्बत यात्रा (1937), मेरी लद्दाख यात्रा (1939), किन्नर देश में (1948), रूस में पच्चीस मास (1947), घुमक्कड़शास्त्र (1949), राहुल

	यात्रावली (1949), यात्रा के पन्ने (1952), एशिया के दुर्गम खंडों में (1956), चीन में कम्यून (1959), चीन में क्या देखा (1960)
ओमप्रकाश मंत्री	माओं के देश में पाँच साल (1968)
पण्डित सूर्यनारायण व्यास	सागर प्रवास (1940), आवारे की यूरोप यात्रा (1940)
डॉ. सत्यनारायण	यूरोप के झरोखे में (1940), युद्ध यात्रा (1940)
सेठ गोविन्द दास	सुदूर दक्षिण पूर्व (1951), पृथ्वी परिक्रमा (1954)
यशपाल	राहबीती (1956), लोहे की दीवार के दोनों ओर (1953)
स्वामी सत्यभक्त	मेरी अफ्रीका यात्रा (1955)
रामधारी सिंह दिनकर	देश-विदेश (1957), मेरी यात्राएँ (1970)
ब्रजकिशोर नारायण	नन्दन से लन्दन (1957)
भुवनेश्वर प्रसाद भुवन	आँखों देखा यूरोप
अज्ञेय	एक बूँद सहसा उछली (1960), अरे यायावर रहेगा याद (1953)
गोपालव्यास	अरबों के देश में (1960)
प्रभाकर माचवे	गोरी नजरों में हम (1969)
विष्णु प्रभाकर	हँसते निर्झर : दहकती भट्‌टी (1966), हिमालय (1982), हमसफर मिलते रहे (1996)
डॉ. नगेन्द्र	अप्रवासी की यात्राएँ (1972)
राजेन्द्र अवस्थी	सैलानी की डायरी (1977)
अनन्त गोपाल शेवड़े	दुनिया रंग-बिरंगी (1978)
गोविन्द मिश्र	धुन्ध भरी सुर्खी (1979)
शिवानी	यात्रिक (1980)
मुनि क्रान्ति सागर	खोज की पगडंडियाँ, खंडहरों का वैभव
प्रभाकर द्विवेदी	पार उतरि कहं जइहौ
नासिरा शर्मा	जहाँ फव्वारे लहू रोते हैं (2003)
कृष्णा सोबती	बुद्ध का कमण्डल : लद्‌दाख (2013)
उर्मिलेश	क्रिस्टेनिया मेरी जान (2016)
डॉ. रघुवंश	हरी घाटी
काका कालेलकर	हिमालय की यात्रा, सूर्योदय का देश
शंकर	ए पार बंगला ओ पार बंगला

कन्हैयालाल	बद्रीनाथ की ओर
माणिकलाल मुंशी	
निर्मल वर्मा	चीड़ों पर चाँदनी (1964)
मोहन राकेश	आखिरी चट्टान तक (1953)
ज्ञानरंजन	कबाड़खाना
पंकज बिष्ट	खरामा-खरामा
निर्मला जैन	दिल्ली : शहर-दर-शहर
इन्दु जैन	पत्रों की तरह चुप (1987)
कृष्णदत्त पालीवाल	जापान में कुछ दिन (2003)
नरेश मेहता	कितना अकेला आकाश (2003)
पद्मा सचदेव	मैं कहती हूँ आँखिन देखी (2014)
मधु कांकरिया	बुद्ध, बारूद और पहाड़

रिपोर्ताज

रचनाकार	**रचना**
शिवदान सिंह चौहान	लक्ष्मीपुरा
रांगेय राघव	तूफानों के बीच
भदन्त आनन्द कौसल्यायन	वे लड़ेंगे हजारों साल, देश की मिट्टी बुलाती है
धर्मवीर भारती	युद्धयात्रा (1972)
कन्हैयालाल मिश्र 'प्रभाकर'	क्षण बोले कण मुस्काए
शमशेर बहादुर सिंह	प्लाट का मोर्चा
विवेकी राय	जुलूस रुका है (1977)
फणीश्वरनाथ 'रेणु'	ऋण जल धन जल (1977)
	नेपाली क्रान्ति (1978)
	श्रुत-अश्रुत पूर्व (1984)
प्रकाशचन्द्र गुप्त	बंगाल का अकाल
	अल्मोड़े का बाजार
	स्वराज्य भवन
जगदीश चन्द्र जैन	पेकिंग की डायरी
प्रभाकर माचवे	प्रभाकर जब पाताल गए
लक्ष्मीचन्द्र जैन	कागज की किश्तियाँ

डायरियाँ

डायरी लेखक	डायरी
श्रीराम शर्मा	सेवाग्राम डायरी (1946)
घनश्यामदास बिड़ला	डायरी के पन्ने
डॉ. धीरेन्द्र वर्मा	मेरी कॉलेज डायरी (1954)
भारतेन्दु हरिश्चन्द्र	हिन्दी नई चाल में ढली (1873)
सियारामशरण गुप्त	दैनिकी
सच्चिदानन्द हीरानन्द वात्स्यायन 'अज्ञेय'	एक बूँद सहसा उछली (1960) (इसमें बर्लिन की डायरी के कुछ अंश उद्धृत हैं)
हरिवंशराय बच्चन	प्रवास की डायरी (1971)
रामधारी सिंह दिनकर	दिनकर की डायरी (1973)
रघुवीर सहाय	दिल्ली मेरा परदेश (1976)
राजेन्द्र अवस्थी	सैलानी की डायरी (1976)
गजानन माधव 'मुक्तिबोध'	एक साहित्यिक की डायरी (1964)
मोहन राकेश	मोहन राकेश की डायरी (1985)
रवीन्द्र कालिया	स्मृतियों की जन्मपत्री (1979)
रामविलास शर्मा	पंचरत्न (1980)
फणीश्वरनाथ रेणु	वनतुलसी की गन्ध (1984)
श्रीकान्त वर्मा	श्रीकान्त वर्मा की डायरी (1978)
जमनालाल बजाज	जमनालाल बजाज की डायरी (1966)
शान्ता कुमार	एक मुख्यमंत्री की डायरी (1977)
जयप्रकाश नारायण	मेरी जेल डायरी (1975-77)
कमलेश्वर	देश-देशान्तर (1992)
डॉ. नामवर सिंह (सम्पादक)	मलयज की डायरी (2000)
बिशन टण्डन	आपातकाल की डायरी (भाग-एक 2002, भाग-दो 2005)
डॉ. नरेश मोहन	साथ-साथ मेरा साया (2003)
विवेकी राय	मनबोध मास्टर की डायरी (1984)
कृष्ण बलदेव वैद	ख्वाब है दीवाने का (2005)
जाबिर हुसैन	डोला बीबी की मजार, जो आगे है, अतीत का चेहरा, लोगाँ, एक नदी रेत भरी
मधु कांकरिया	बंजारा मन और बन्दिशें, शहर-शहर जादू

सुधा अरोड़ा	जिंदा जुनूनों का कॉलेज
देवराज	अजय की डायरी (डायरी शैली का उपन्यास)
राजेन्द्र यादव	शह और मात (डायरी शैली का उपन्यास)
जैनेन्द्र	जयवर्द्धन (डायरी शैली का उपन्यास)
श्रीलाल शुक्ल	मकान (डायरी शैली का उपन्यास)
रमेशचन्द्र शाह	अकेला मेला (2011), इस खिड़की से (2012), आज और सभी (2013), जंगल जूही (2014)
रामदरश मिश्र	आते-जाते दिन
तेजिन्दर	डायरी सागा-सागा
श्री रामेश्वरम टाण्टिया	क्या खोया क्या पाया
सीताराम सेकसरिया	एक कार्यकर्ता की डायरी दो भाग
अजीत कुमार	अंकित होने दो
उपेन्द्रनाथ अश्क	ज्यादा अपनी कम पराई

आलोचना

आलोचक	**रचनाएँ**
भारतेन्दु	नाटक
कृष्ण बिहारी मिश्र	देव और बिहारी
बाबू गुलाबराय	काव्य के रूप, नवरस, सिद्धान्त और अध्ययन
बाबू श्यामसुन्दर दास	रूपक रहस्य, भाषा रहस्य, साहित्यालोचन
रामचन्द्र शुक्ल	भ्रमरगीत सार, तुलसीदास, जायसी ग्रन्थावली की भूमिका, रस-मीमांसा, काव्य में रहस्यवाद, कविता क्या है?
नन्ददुलारे वाजपेयी	हिन्दी साहित्य : बीसवीं शताब्दी, नए प्रश्न, आधुनिक साहित्य
शान्तिप्रिय द्विवेदी	हमारे साहित्य निर्माता, कविता और काव्य, साहित्यिकी
निराला	पन्त और पल्लव, रवीन्द्र कविता कानन
हजारीप्रसाद द्विवेदी	कबीर, सूर साहित्य, हिन्दी साहित्य की भूमिका, हिन्दी साहित्य का आदि काल
इलाचन्द्र जोशी	साहित्य सर्जना, विवेचना, विश्लेषण, देखा-परखा
रामविलास शर्मा	भारतेन्दु युग और हिन्दी भाषा की विकास परम्परा, नई कविता और अस्तित्ववाद

शिवदान सिंह चौहान	प्रगतिवाद, साहित्य की परख, हिन्दी साहित्य के अस्सी वर्ष, साहित्यानुशीलन, आलोचना के मान
नेमिचन्द्र जैन	अधूरे साहित्यकार, रंग परम्परा, जनान्तिक
अमृतराय	नई समीक्षा, सहचिन्तन, विचारधारा और साहित्य
डॉ. नामवर सिंह	छायावाद, इतिहास और आलोचना, कविता के नए प्रतिमान, दूसरी परम्परा की खोज, वाद विवाद संवाद, आधुनिक साहित्य की प्रवृत्तियाँ
डॉ. मैनेजर पाण्डेय	साहित्य और इतिहास दृष्टि, शब्द और कर्म, आलोचना और सामाजिकता
शम्भूनाथ	दिनकर : कुछ पुनर्विचार, साहित्य और जनसंघर्ष
गिरिजाकुमार माथुर	नई कविता : सीमाएँ और सम्भावनाएँ
लक्ष्मीकान्त वर्मा	नए कविता के प्रतिमान
विजयदेव नारायण साही	छठवाँ दशक, साहित्य क्यों, लघुमानव के बहाने हिन्दी कविता पर एक बहस
रामस्वरूप चतुर्वेदी	हिन्दी नवलेखन, भाषा और संवेदना, कामायनी का पुनर्मूल्यांकन, कविता यात्रा, आधुनिक कविता यात्रा
मलयज	कविता से साक्षात्कार
परमानन्द श्रीवास्तव	नई कविता का परिप्रेक्ष्य, दूसरा सौन्दर्य शास्त्र क्यों
प्रभाकर श्रोत्रिय	कविता की तीसरी आँख
विश्वनाथ प्रसाद तिवारी	नए साहित्य का तर्कशास्त्र
अशोक वाजपेयी	कुछ पूर्वग्रह, कविता का गल्प, कवि कह गया है
नन्दकिशोर आचार्य	अज्ञेय की काव्य तितीर्षा, साहित्य का स्वभाव

हिन्दी प्रचारक संस्थाएँ

संस्था का नाम	स्थापना वर्ष
फोर्ट विलियम कॉलेज, कोलकाता	वर्ष 1801
विक्टोरिया नाटक मण्डली, मुम्बई	वर्ष 1871
तदीय समाज	वर्ष 1873
भाषा संवर्धिनी सभा, अलीगढ़	वर्ष 1877
हिन्दी उद्धारिणी प्रतिनिधि मध्य सभा प्रयाग, इलाहाबाद	वर्ष 1884
इण्डियन प्रेस इलाहाबाद	वर्ष 1884
रामलीला नाटक मण्डली, इलाहाबाद	वर्ष 1889
नागरीप्रचारिणी सभा, वाराणसी	वर्ष 1893
सरस्वती पत्रिका	वर्ष 1900
भारतेन्दु नाटक मण्डली, वाराणसी	वर्ष 1906
हिन्दी नाट्य परिषद्, कोलकाता	वर्ष 1906
हिन्दी नाट्य समिति, इलाहाबाद	वर्ष 1908
नागरी नाटक मंडली, वाराणसी	वर्ष 1908
हिन्दी साहित्य सम्मेलन प्रयाग, इलाहाबाद	वर्ष 1910
दक्षिण भारत हिन्दी प्रसार सभा, चेन्नई	वर्ष 1915
गुजरात शिक्षा परिषद्, भड़ौच	वर्ष 1917
हिन्दी साहित्य सम्मेलन, इन्दौर	वर्ष 1918
राष्ट्रभाषा प्रचार सभा, मणिपुर	वर्ष 1918
अखिल भारतीय संगीत परिषद्	वर्ष 1919
गुजरात विद्यापीठ, अहमदाबाद	वर्ष 1920
हिन्दुस्तानी एकेडेमी, इलाहाबाद	वर्ष 1927
हिन्दी विद्यापीठ देवघर, झारखंड	वर्ष 1929
उत्कल प्रान्तीय राष्ट्रभाषा प्रचार सभा, कटक	वर्ष 1933

ओडिशा राष्ट्रभाषा परिषद्, जगन्नाथपुरी	वर्ष 1933
नागरी लिपि सुधार समिति	वर्ष 1935
प्रगतिशील लेखक संघ, लखनऊ	वर्ष 1936
राष्ट्रभाषा प्रचार समिति, वर्धा (महाराष्ट्र)	वर्ष 1936
दक्षिण भारत हिन्दी प्रचार सभा, एर्णाकुलम	वर्ष 1936
राष्ट्रभाषा प्रचार समिति वर्धा की शाखा, जम्मू-कश्मीर	वर्ष 1936
असम राष्ट्रभाषा समिति, गुवाहाटी	वर्ष 1938
दक्षिण भारत हिन्दी प्रचार सभा, हैदराबाद	वर्ष 1938
बम्बई हिन्दी विद्यापीठ, मुम्बई	वर्ष 1938
ज्ञानलता मण्डल	वर्ष 1942
इण्डियन पीपुल्स थियेटर एसोसिएशन	वर्ष 1942
परिमल	वर्ष 1944
प्रकाशन विभाग	वर्ष 1944
राष्ट्रभाषा परिषद्, पुणे	वर्ष 1945
नागरीप्रचारिणी लिपि समिति	वर्ष 1945
देवनागरी लिपि सुधार समिति	वर्ष 1947
बिहार राष्ट्रभाषा परिषद्	वर्ष 1947
फिल्म प्रभाग	वर्ष 1948
बिहार राष्ट्रभाषा परिषद्, पटना	वर्ष 1950
हिन्दी साहित्य अकादमी	वर्ष 1953
संगीत नाटक अकादमी	वर्ष 1953
थियेटर यूनिट, मुम्बई	वर्ष 1954
राजभाषा आयोग	7 जून, 1955
अनामिका, कोलकाता	वर्ष 1955
पत्र सूचना कार्यालय, नई दिल्ली	वर्ष 1956
नेशनल बुक ट्रस्ट	वर्ष 1957
आकाशवाणी (ऑल इण्डिया रेडियो)	वर्ष 1957
नया थियेटर, दिल्ली	वर्ष 1959
राष्ट्रीय नाट्य विद्यालय, नई दिल्ली	वर्ष 1959
केन्द्रीय हिन्दी निदेशालय, नई दिल्ली	वर्ष 1960
वैज्ञानिक एवं तकनीकी शब्दावली आयोग, नई दिल्ली	वर्ष 1961
केन्द्रीय हिन्दी समिति, नई दिल्ली	वर्ष 1967

केन्द्रीय अनुवाद ब्यूरो, नई दिल्ली	वर्ष 1971
राजभाषा विभाग	वर्ष 1975
राजभाषा विधायी आयोग	वर्ष 1975
दूरदर्शन	वर्ष 1976
महात्मा गांधी अन्तर्राष्ट्रीय हिन्दी विश्वविद्यालय, वर्धा	वर्ष 8 जनवरी, 1997
विश्व हिन्दी सचिवालय, मॉरिशस	वर्ष 12 नवम्बर, 2002

हिन्दी साहित्य में सर्वप्रथम

- हिन्दी का प्रथम कवि — सरहपाद (8वीं शताब्दी)
- हिन्दी की प्रथम रचना — श्रावकाचार (देवसेन)
- हिन्दी का प्रथम मौलिक नाटक — नहुष (गोपाल चन्द्र)
- हिन्दी का प्रथम उपन्यास — परीक्षागुरु (श्रीनिवास दास)
- हिन्दी की प्रथम आत्मकथा — अर्द्धकथानक (बनारसी दास जैन)
- हिन्दी की प्रथम जीवनी — दयानन्द दिग्विजय (गोपाल शर्मा)
- हिन्दी का प्रथम रिपोर्ताज — लक्ष्मीपुरा (शिवदान सिंह चौहान)
- हिन्दी का प्रथम यात्रा संस्मरण — लन्दन यात्रा (महादेवी वर्मा)
- हिन्दी की प्रथम मौलिक कहानी — इन्दुमती (किशोरीलाल गोस्वामी)
- हिन्दी की प्रथम वैज्ञानिक कहानी — चन्द्रलोक की यात्रा (केशव प्रसाद सिंह)
- हिन्दी का प्रथम गद्य काव्य — साधना (रायकृष्ण दास)
- हिन्दी खड़ी बोली का प्रथम काव्य ग्रन्थ — एकांतवासी योगी (श्रीधर पाठक)
- हिन्दी की प्रथम अतुकान्त रचना — प्रेमपथिक (जयशंकर प्रसाद)
- हिन्दी छायावाद का प्रथम काव्य-संग्रह — झरना (जयशंकर प्रसाद)
- शुद्ध एवं परिमार्जित खड़ी बोली के प्रथम लेखक — राम प्रसाद निरंजनी
- हिन्दी खड़ी बोली का प्रथम गद्य ग्रन्थ — भाषा योगवशिष्ठ
- हिन्दी खड़ी बोली के प्रथम प्रतिष्ठित कवि — अमीर खुसरो
- हिन्दी साहित्य का प्रथम महाकाव्य — पृथ्वीराज रासो (चन्दबरदाई)
- हिन्दी का प्रथम बड़ा महाकाव्य — पद्मावत (जायसी)
- हिन्दी खड़ी बोली का प्रथम महाकाव्य — प्रियप्रवास (हरिऔध)
- हिन्दी खड़ी बोली गद्य की प्रथम रचना — चन्द छन्द बरनन की महिमा (गंग कवि)
- दक्षिण भारत में हिन्दी खड़ी बोली में साहित्य-सृजन करने वाले प्रथम साहित्यकार — मुल्ला वजही
- हिन्दी में 'प्रयोगवाद' शब्द का सर्वप्रथम प्रयोगकर्ता — नन्द दुलारे वाजपेयी
- हिन्दी का प्रथम गीतिनाट्य — करुणालय (जयशंकर प्रसाद)
- हिन्दी में दोहा-चौपाई का सर्वप्रथम प्रयोगकर्ता — सरहपाद

- हिन्दी रीतिकाव्य का प्रथम ग्रन्थ — हिततरंगिनी (कृपाराम)
- हिन्दी का प्रथम अभिनीत नाटक — जानकी-मंगल (शीतला प्रसाद त्रिपाठी)
- गीति काव्य शब्द का सर्वप्रथम प्रयोग — 'कुसुममाला' की भूमिका में (लोचन प्रसाद पाण्डेय)
- हिन्दी की प्रथम एकांकी — 'एक घूँट' (जयशंकर प्रसाद)
- हिन्दी काव्यशास्त्र की प्रथम पुस्तक — साहित्य लहरी (सूरदास)
- हिन्दी के प्रथम सूफी कवि — असायत (कुछ कवि चन्दायन को भी मानते हैं)
- हिन्दी में सूफी प्रेमाख्यान का प्रथम काव्य — 'चन्दायन' (मुल्ला दाऊद)
- हिन्दी में छन्दशास्त्र की प्रथम रचना — छन्दमाला
- हिन्दी में रीति सिद्धान्त के प्रथम प्रस्तोता — आचार्य केशवदास
- हिन्दी में प्रथम गीत रचनाकार — विद्यापति
- प्रथम विश्व हिन्दी-सम्मेलन — (वर्ष 1975, नागपुर)
- हिन्दी में 'स्वच्छन्दतावाद' शब्द का सर्वप्रथम प्रयोगकर्ता — मुकुटधर पाण्डेय
- हिन्दी में 'नई कविता' शब्द का सर्वप्रथम नामकरणकर्ता — अज्ञेय
- हिन्दी का प्रथम रेखाचित्र संकलन — 'पद्मपराग' (पद्मसिंह शर्मा)
- हिन्दी आलोचना की प्रथम पुस्तक — हिन्दी कालिदास की आलोचना
- हिन्दी में प्रथम तुलनात्मक आलोचना — बिहारी और सादी की तुलनात्मक आलोचना (पद्मसिंह शर्मा)
- हिन्दी के प्रथम मार्क्सवादी आलोचक — डॉ. शिवदान सिंह चौहान
- प्रगतिशील लेखक संघ के प्रथम सभापति — मुंशी प्रेमचन्द
- राजभाषा आयोग के प्रथम अध्यक्ष — बाल गंगाधर खरे
- हिन्दी का प्रथम साप्ताहिक पत्र — उदन्त मार्तण्ड
- हिन्दी का प्रथम दैनिक पत्र — समाचार सुधावर्षण
- हिन्दी की प्रथम पत्रिका — संवाद कौमुदी
- हिन्दी साहित्य परिषद् के प्रथम अध्यक्ष — पुरुषोत्तम दास टण्डन
- हिन्दी नाटक का प्रथम सैद्धान्तिक ग्रन्थ — 'रूपक रहस्य' (श्यामसुन्दर दास)
- हिन्दी साहित्य के लिए प्रथम ज्ञानपीठ पुरस्कार — सुमित्रानन्दन पन्त (चिदम्बरा)
- हिन्दी साहित्य के लिए प्रथम साहित्य अकादमी पुरस्कार — माखनलाल चतुर्वेदी (हिमतरंगिणी)
- हिन्दी साहित्य के लिए प्रथम व्यास सम्मान — डॉ. रामविलास शर्मा (भारत के भाषा परिवार और हिन्दी)
- हिन्दी के लिए प्रथम सरस्वती सम्मान — डॉ. हरिवंशराय बच्चन (आत्मकथा)
- मुंशी प्रेमचन्द का प्रथम उपन्यास — प्रेमा (1907)

- मुंशी प्रेमचन्द की प्रथम कहानी — पंच परमेश्वर (1916)
- जयशंकर प्रसाद की प्रथम कहानी — ग्राम (1911)
- जयशंकर प्रसाद का प्रथम ऐतिहासिक नाटक — राज्यश्री (1915)
- महादेवी वर्मा का प्रथम काव्य-संग्रह — नीहार (1930)
- निराला की प्रथम काव्य रचना — जूही की कली (1918)
- हिन्दी का प्रथम व्याकरण — 'हिन्दुस्तानी ग्रामर' (1698)
  लेखक-जे.जे. केटेलर (डच भाषा में)
- हिन्दी भाषा में लिखा गया प्रथम व्याकरण — 'हिन्दी व्याकरण' (1827)
  लेखक-पादरी एम.टी. आदम
- हिन्दी का प्रथम व्यवस्थित व्याकरण — 'भाषा चन्द्रोदय' (1855)
  लेखक-पं. श्रीलाल
- हिन्दी की प्रथम कवयित्री — मीराबाई
- तार सप्तक की एकमात्र महिला कवयित्री — शकुन्तला माथुर
- रामचन्द्र शुक्ल की प्रथम सैद्धान्तिक आलोचनात्मक कृति — काव्य में रहस्यवाद
- जैनेन्द्र का प्रथम उपन्यास — परख (1929)
- फणीश्वरनाथ 'रेणु' का प्रथम उपन्यास — मैला आँचल
- अज्ञेय का प्रथम उपन्यास — शेखर : एक जीवनी
- इलाचन्द्र जोशी का प्रथम उपन्यास — घृणामयी
- अज्ञेय का प्रथम काव्य संग्रह — भग्नदूत (1933)
- भगवतीचरण वर्मा का प्रथम उपन्यास — चित्रलेखा (1939)
- हिन्दी में साधारणीकरण के सम्बन्ध में प्रथम चिन्तनकर्ता — रामचन्द्र शुक्ल

अष्टछाप के कवि व उनके गुरु

कवि	गुरु
सूरदास	वल्लभाचार्य
कुम्भनदास	वल्लभाचार्य
परमानन्द दास	वल्लभाचार्य
कृष्णदास	वल्लभाचार्य
छीतस्वामी	विट्ठलनाथ
गोविन्दस्वामी	विट्ठलनाथ
चतुर्भुजस्वामी	विट्ठलनाथ
नन्ददास	विट्ठलनाथ

भक्ति सम्प्रदाय व उनके प्रवर्तक

सम्प्रदाय	प्रवर्तक
श्री सम्प्रदाय (रामानुज सम्प्रदाय)	रामानुज
सनक सम्प्रदाय	निम्बार्क
रुद्र सम्प्रदाय	विष्णुस्वामी
ब्राह्म सम्प्रदाय (द्वैत सम्प्रदाय)	मध्वाचार्य
रामावत सम्प्रदाय	रामानन्द
विश्नोई सम्प्रदाय	जम्भनाथ
उदासी सम्प्रदाय	श्रीचन्द
स्मार्त सम्प्रदाय	शंकराचार्य
राधावल्लभी सम्प्रदाय	हितहरिवंश
हरिदासी (सखी) सम्प्रदाय	स्वामी हरिदास
चैतन्य या गौड़ीय सम्प्रदाय	चैतन्य महाप्रभु
दास्यभावभक्ति या शरणागतिपरक भक्ति	रामानुजाचार्य
पुष्टि मार्ग	वल्लभाचार्य

प्रमुख दर्शन व उनके प्रवर्तक

दर्शन	प्रवर्तक
अद्वैतवाद	शंकराचार्य
विशिष्टाद्वैतवाद	रामानुजाचार्य
द्वैतवाद	मध्वाचार्य
द्वैताद्वैतवाद	निम्बार्क
शुद्धाद्वैतवाद	वल्लभाचार्य
मीमांसा दर्शन	जैमिनी
सांख्य दर्शन	कपिल मुनि
योग दर्शन	पतंजलि
न्याय दर्शन	अक्षपाद गौतम
वैशेषिक दर्शन	कणाद
लोकायत/बार्हस्पत्य या चार्वाक दर्शन	चार्वाक
जैन दर्शन (स्यादवाद)	पार्श्वनाथ
संघातवाद (क्षणिकवाद)	गौतम बुद्ध
वेदान्त दर्शन या उत्तर मीमांसा	बादरायण

प्रमुख गुरु-शिष्य

गुरु	शिष्य
गोविन्द योगी	शंकराचार्य
मत्स्येन्द्रनाथ/मछन्दरनाथ	गोरखनाथ
यादव प्रकाश	रामानुजाचार्य
नारद मुनि	निम्बार्काचार्य
राघवानन्द	रामानन्द
रामानन्द	अनन्तादास, सुखानन्द, सुरसुरानन्द, नरहर्यानन्द, भावानन्द, पीपा, कबीर, सेना, धन्ना, रैदास, पद्मावती, सुरसरी
विष्णुस्वामी	वल्लभाचार्य
रैदास	मीराबाई
नरहरिदास (नरहर्यानन्द)	तुलसीदास
अग्रदास	नाभादास
शेख मोहिदी	जायसी
हाजी बाबा	उसमान
महावीर प्रसाद द्विवेदी	मैथिलीशरण गुप्त, प्रेमचन्द, निराला

रीतिकालीन कवियों का वर्गीकरण

रीतिबद्ध कवि	केशवदास, चिन्तामणि, मतिराम, देव, रसलीन, मुबारक बिलग्रामी, जान (नियामत खाँ), तोष, यशवन्त सिंह, भूषण, कुलपति मिश्र, याकूब खाँ, पद्माकर, सुरति मिश्र, सोमनाथ, भिखारीदास, दूलह, ग्वाल, प्रताप साही इत्यादि।
रीतिसिद्ध कवि	सेनापति, बिहारी, बेनी, कृष्णकवि, रसनिधि, पजनेस, द्विजदेव इत्यादि।
रीतिमुक्त कवि	घनानन्द, आलम, शेख, ठाकुर बुन्देलखंडी, बुद्धिसेन या बोधा इत्यादि।

आधुनिक काव्य के कवियों का वर्गीकरण

भारतेन्दु युगीन कवि	भारतेन्दु हरिश्चन्द्र, बदरीनारायण चौधरी 'प्रेमघन', प्रतापनारायण मिश्र, राधाकृष्ण दास, अम्बिका दत्त व्यास आदि।

द्विवेदी युगीन कवि	महावीर प्रसाद द्विवेदी, श्रीधर पाठक, अयोध्यासिंह उपाध्याय 'हरिऔध', मैथिलीशरण गुप्त, नाथूराम शर्मा 'शंकर', जगन्नाथदास 'रत्नाकर', गयाप्रसाद शुक्ल 'सनेही', बालकृष्ण शर्मा 'नवीन' इत्यादि।
छायावादी कवि	जयशंकर प्रसाद, सूर्यकान्त त्रिपाठी 'निराला', सुमित्रानन्दन पंत, महादेवी वर्मा, रामकुमार वर्मा, उदयशंकर भट्ट 'वियोगी', लक्ष्मीनारायण मिश्र, जनार्दन प्रसाद झा 'द्विज' इत्यादि।
राष्ट्रवादी सांस्कृतिक कवि	माखनलाल चतुर्वेदी, सियारामशरण गुप्त, सुभद्राकुमारी चौहान, रामधारी सिंह दिनकर, बालकृष्ण शर्मा नवीन, सोहनलाल द्विवेदी, श्याम नारायण पाण्डेय आदि।
उन्मुक्त प्रेममार्गी कवि	हरिवंशराय बच्चन (हालावाद), भगवतीचरण वर्मा, नरेन्द्र शर्मा, रामेश्वर शुक्ल अंचल (मांसलवाद)।
प्रगतिवादी कवि	केदारनाथ अग्रवाल, रामविलास शर्मा, नागार्जुन, रांगेय राघव, शिव मंगल सिंह 'सुमन', त्रिलोचन इत्यादि।

तारसप्तक के कवि

तारसप्तक (1943)	गजानन माधव 'मुक्तिबोध', नेमिचन्द जैन, भारत भूषण अग्रवाल, प्रभाकर माचवे, गिरिजाकुमार माथुर, डॉ. रामविलास शर्मा और अज्ञेय
दूसरा सप्तक (1951)	रघुवीर सहाय, धर्मवीर भारती, नरेश मेहता, शमशेर बहादुर सिंह, भवानी प्रसाद मिश्र, शकुन्तला माथुर और हरिनारायण व्यास
तीसरा सप्तक (1959)	कीर्ति चौधरी, प्रयाग नारायण त्रिपाठी, केदारनाथ सिंह, कुँवर नारायण, विजयदेव नारायण साही, सर्वेश्वरदयाल सक्सेना और मदन वात्स्यायन
चौथा सप्तक (1979)	राजेन्द्र किशोर, श्रीराम वर्मा, सुमन राजे, नन्दकिशोर आचार्य, स्वदेश भारती, राजकुमार अम्बुज और अवधेश कुमार
प्रपद्यवादी (नकेनवादी) कवि	नलिन विलोचन शर्मा, केसरी कुमार, नरेश कुमार
युयुत्सावादी कवि	शलभ श्रीराम
प्रतिबद्ध कविता के कवि	परमानन्द श्रीवास्तव

साहित्य अकादमी पुरस्कार

क्र.	रचना	रचनाकार	वर्ष
1.	हिमतरंगिनी (काव्य)	माखनलाल चतुर्वेदी	1955
2.	पद्मावत संजीवनी व्याख्या	वासुदेवशरण अग्रवाल	1956
3.	बौद्धधर्म दर्शन	आचार्य नरेन्द्रदेव	1957
4.	मध्य एशिया का इतिहास	राहुल सांकृत्यायन	1958
5.	संस्कृति के चार अध्याय	रामधारी सिंह 'दिनकर'	1959
6.	कला और बूढ़ा चाँद (काव्य)	सुमित्रानन्दन पन्त	1960
7.	भूले-बिसरे चित्र (उपन्यास)	भगवतीचरण वर्मा	1961
8.	कलम का सिपाही (जीवनी)	अमृतराय	1963
9.	आँगन के पार द्वार (काव्य)	अज्ञेय	1964
10.	रससिद्धान्त (समीक्षा)	डॉ. नगेन्द्र	1965
11.	मुक्तिबोध (उपन्यास)	जैनेन्द्र	1966
12.	अमृत और विष (उपन्यास)	अमृतलाल नागर	1967
13.	दो चट्टानें (काव्य)	हरिवंशराय 'बच्चन'	1968
14.	रागदरबारी (उपन्यास)	श्रीलाल शुक्ल	1969
15.	निराला की साहित्य साधना (आलोचना)	डॉ. रामविलास शर्मा	1970
16.	कविता के नए प्रतिमान (आलोचना)	डॉ. नामवर सिंह	1971
17.	बुनी हुई रस्सी (काव्य)	भवानी प्रसाद मिश्र	1972
18.	आलोक पर्व (निबन्ध)	हजारीप्रसाद द्विवेदी	1973
19.	मिट्टी की बारात (काव्य)	शिवमंगल सिंह सुमन	1974
20.	तमस (उपन्यास)	भीष्म साहनी	1975
21.	तेरी मेरी उसकी बात (उपन्यास)	यशपाल	1976
22.	चुका भी नहीं हूँ मैं (काव्य)	शमशेर	1977
23.	उतना बस सूरज हूँ (काव्य)	भारत भूषण अग्रवाल	1978
24.	कल सुनना मुझे (काव्य)	धूमिल	1979
25.	जिन्दगीनामा जिन्दारुख (उपन्यास)	कृष्णा सोबती	1980
26.	ताप के ताए हुए दिन (काव्य)	त्रिलोचन	1981
27.	विकलांग श्रद्धा का दौर (व्यंग्य)	हरिशंकर परसाई	1982
28.	खूँटियों पर टँगे लोग (काव्य)	सर्वेश्वरदयाल सक्सेना	1983
29.	लोग भूल गए हैं (काव्य)	रघुवीर सहाय	1984
30.	कौवे और काला पानी (काव्य)	निर्मल वर्मा	1985
31.	अपूर्व (काव्य)	केदारनाथ अग्रवाल	1986
32.	मगध (काव्य)	श्रीकान्त वर्मा	1987

कृति	रचनाकार	वर्ष
33. अरण्य (काव्य)	नरेश मेहता	1988
34. अकाल में सारस (काव्य)	केदारनाथ सिंह	1989
35. नीला चाँद (उपन्यास)	शिवप्रसाद सिंह	1990
36. मैं वक्त के हूँ सामने (काव्य)	गिरिजाकुमार माथुर	1991
37. ढाई घर (उपन्यास)	गिरिराज किशोर	1992
38. अर्द्धनारीश्वर (उपन्यास)	विष्णु प्रभाकर	1993
39. कहीं नहीं वहीं (काव्य)	अशोक वाजपेयी	1994
40. कोई दूसरा नहीं (काव्य)	कुँवर नारायण	1995
41. मुझे चाँद चाहिए (उपन्यास)	सुरेन्द्र वर्मा	1996
42. अनुभव के आकाश में चाँद (काव्य)	लीलाधर जगूड़ी	1997
43. नए इलाके में (काव्य)	अरुण कमल	1998
44. दीवार में एक खिड़की रहती थी (उपन्यास)	विनोद कुमार शुक्ल	1999
45. हम जो देखते हैं (काव्य)	मंगलेश डबराल	2000
46. कलिकथा : वाया बाईपास (उपन्यास)	अलका सरावगी	2001
47. दो पंक्तियों के बीच (काव्य)	राजेश जोशी	2002
48. कितने पाकिस्तान (उपन्यास)	कमलेश्वर	2003
49. दुश्चक्र में स्त्रष्टा (काव्य)	वीरेन डंगवाल	2004
50. क्याप (उपन्यास)	मनोहर श्याम जोशी	2005
51. संशयात्मा (काव्य)	ज्ञानेन्द्रपति	2006
52. इन्हीं हथियारों से	अमरकान्त	2007
53. कोहरे में कैद रंग (उपन्यास)	गोविन्द मिश्र	2008
54. हवा में हस्ताक्षर (काव्य)	कैलाश वाजपेयी	2009
55. मोहनदास (महाकाव्यात्मक कहानी)	उदय प्रकाश	2010
56. रेहन पर रग्घु (उपन्यास)	काशीनाथ सिंह	2011
57. पत्थर फेंक रहा हूँ (कविता संग्रह)	चन्द्रकान्त देवताले	2012
58. मिलजुल मन (उपन्यास)	मृदुला गर्ग	2013
59. विनायक (उपन्यास)	रमेशचन्द्र शाह	2014
60. आग की हँसी (काव्य)	रामदरश मिश्र	2015
61. पारिजात (उपन्यास)	नासिरा शर्मा	2016
62. विश्व मिथक सरित सागर (कोश)	रमेश कुंतल मेघ	2017
63. पोस्ट बॉक्स नं. 203 नाला सोपारा (उपन्यास)	चित्रा मुद्गल	2018
64. छीलते हुए अपनों को (कविता)	नन्दकिशोर आचार्य	2019

व्यास सम्मान

क्र.	रचना	रचनाकार	वर्ष
1.	भारत के भाषा परिवार और हिन्दी	डॉ. रामविलास शर्मा	1991
2.	नीला चाँद (उपन्यास)	शिवप्रसाद सिंह	1992
3.	मैं वक्त के हूँ सामने (काव्य)	गिरिजाकुमार माथुर	1993
4.	सपना अभी भी (काव्य)	धर्मवीर भारती	1994
5.	आत्मजयी (काव्य)	कुँवर नारायण	1995
6.	हिन्दी साहित्य और संवेदना का विकास	डॉ. रामस्वरूप चतुर्वेदी	1996
7.	उत्तर कबीर व अन्य कविताएँ (काव्य)	केदारनाथ सिंह	1997
8.	पाँच आँगनों वाला घर (उपन्यास)	गोविन्द मिश्र	1998
9.	विश्रामपुर का संत (उपन्यास)	श्रीलाल शुक्ल	1999
10.	पहला गिरमिटिया (उपन्यास)	गिरिराज किशोर	2000
11.	आलोचना का पक्ष (आलोचना)	रमेशचन्द्र शाह	2001
12.	पृथ्वी का कृष्ण पक्ष (काव्य)	कैलाश वाजपेयी	2002
13.	आवाँ (उपन्यास)	चित्रा मुद्गल	2003
14.	कठगुलाब (उपन्यास)	मृदुला गर्ग	2004
15.	कथा सतीसर (उपन्यास)	चन्द्रकान्ता	2005
16.	कविता का अर्थात् (आलोचना)	परमानन्द श्रीवास्तव	2006
17.	समय-सरगम (उपन्यास)	कृष्णा सोबती	2007
18.	एक कहानी यह भी (आत्मकथा)	मन्नू भण्डारी	2008
19.	इन्हीं हथियारों से (उपन्यास)	अमरकान्त	2009
20.	फिर भी कुछ रह जाएगा (काव्य)	विश्वनाथ तिवारी	2010
21.	आम के पत्ते (कविता संग्रह)	रामदरश मिश्र	2011
22.	न भूतो न भविष्यन्ति (उपन्यास)	नरेन्द्र कोहली	2012
23.	व्योमकेश दरवेश (संस्मरण)	विश्वनाथ त्रिपाठी	2013
24.	प्रेमचन्द की कहानियों का काल-क्रमानुसार अध्ययन (आलोचना)	कमल किशोर गोयनका	2014
25.	क्षमा (काव्य)	सुनीता जैन	2015
26.	काटना शमी का वृक्ष : पद्मपंखुरी की धार से (उपन्यास)	सुरेन्द्र वर्मा	2016
27.	दुक्खम-सुक्खम (उपन्यास)	ममता कालिया	2017
28.	जितने लोग उतने प्रेम (काव्य)	लीलाधर जगूड़ी	2018
29.	कागज की नाव (उपन्यास)	नासिरा शर्मा	2019

ज्ञानपीठ पुरस्कार
(वर्ष 1984 के बाद से यह पुरस्कार लेखक के समग्र योगदान पर दिया जाता है)

क्र.	रचना	रचनाकार	वर्ष
1.	चिदम्बरा	सुमित्रानन्दन पन्त	1968
2.	उर्वशी	रामधारी सिंह 'दिनकर'	1972
3.	कितनी नावों में कितनी बार	अज्ञेय	1978
4.	यामा	महादेवी वर्मा	1982
5.	सम्पूर्ण साहित्य	नरेश मेहता	1992
6.	सम्पूर्ण साहित्य	निर्मल वर्मा (पंजाबी लेखक गुरदयाल सिंह के साथ संयुक्त रूप से)	1999
7.	सम्पूर्ण साहित्य	कुँवर नारायण	2005
8.	सम्पूर्ण साहित्य	श्रीलाल शुक्ल और अमरकान्त (संयुक्त रूप से)	2009
9.	अकाल में सारस	केदारनाथ सिंह	2013
10.	मराठी साहित्य	भालचन्द्र नेमाड़े	2014
11.	गुजराती साहित्य	रघुवीर चौधरी	2015
12.	सम्पूर्ण साहित्य	कृष्णा सोबती	2017
13.	अंग्रेजी साहित्य	अमिताव घोष	2018
14.	मलयालम साहित्य	अक्किम अचुथन नम्बूदरी	2019

प्रमुख पत्र-पत्रिकाएँ और सम्पादक

पत्रिकाएँ	सम्पादक
उदन्त मार्तंड (1826)	जुगलकिशोर
बंगदूत (1829)	राजा राममोहन राय
बनारस अखबार (1854)	राजा शिवप्रसाद 'सितारे हिन्द'
समाचार सुधावर्षण (1854)	श्यामसुन्दर सेन
प्रजाहितैषी (1855)	राजा लक्ष्मण सिंह
कविवचन सुधा (1867)	भारतेन्दु हरिश्चन्द्र
हरिश्चन्द्र मैगजीन (1873)	भारतेन्दु हरिश्चन्द्र
बालाबोधिनी (1874)	भारतेन्दु हरिश्चन्द्र
हिन्दी प्रदीप (1877)	बालकृष्ण भट्ट
भारत-मित्र (1877)	बालमुकुन्द गुप्त
ब्राह्मण (1883)	प्रतापनारायण मिश्र
आनन्द कादम्बिनी (1881)	बद्रीनारायण चौधरी 'प्रेमघन'
नागरी नीरद (1893)	बद्रीनारायण चौधरी 'प्रेमघन'
भारतेन्दु (1883)	राधाचरण गोस्वामी
इन्दु (1883)	अम्बिका प्रसाद गुप्त, रूपनारायण पाण्डेय
प्रताप (1913)	गणेशशंकर विद्यार्थी
प्रभा (1913)	कालूराम, बालकृष्ण शर्मा 'नवीन' माखनलाल चतुर्वेदी
कर्मवीर (1919)	माखनलाल चतुर्वेदी
माधुरी (1922)	प्रेमचन्द
मतवाला (1923)	निराला
सुधा (1929)	दुलारे लाल भार्गव, निराला
हंस (1930)	प्रेमचन्द
हिन्दुस्तानी (1931)	रामचन्द्र टण्डन
जागरण (1932)	प्रेमचन्द

भारत (1933)	नन्ददुलारे वाजपेयी
साहित्य सन्देश (1937)	बाबू गुलाब राय
रूपाभ (1938)	सुमित्रानन्दन पन्त
हिन्दी अनुशीलन (1943)	धीरेन्द्र वर्मा
प्रतीक (1947)	अज्ञेय
कल्पना (1949)	आर्येन्द्र शर्मा
धर्मयुग (1950)	धर्मवीर भारती
आलोचना (1951)	शिवदान सिंह चौहान, नंद दुलारे वाजपेयी, चार सदस्यीय सम्पादक मण्डल (धर्मवीर भारती, रघुवंश, बृजेश्वर वर्मा, विजयदेव नारायण साही), नामवर सिंह
वसुधा (1953)	राजेश्वर प्रसाद गुरु, हरिशंकर परसाई
नए पत्ते (1953)	लक्ष्मीकान्त शर्मा
नई कविता (1954)	डॉ. जगदीश गुप्त
ज्ञानोदय (1955)	कन्हैयालाल मिश्र 'प्रभाकर'
निकष (1956)	धर्मवीर भारती
कृति (1958)	नरेन्द्र मेहता, श्रीकान्त वर्मा
समालोचक (1958)	डॉ. रामविलास शर्मा
पहल (1960)	ज्ञानरंजन
दस्तावेज (1978)	विश्वनाथ प्रसाद तिवारी
वर्तमान साहित्य (1984)	विभूति नारायण
हंस (पुनर्प्रकाशन) (1986)	राजेन्द्र यादव
वागर्थ (1995)	प्रभाकर श्रोत्रिय
साहित्य अमृत (1995)	विद्यानिवास मिश्र
कथादेश (1997)	हरिनारायण
तद्भव (1999)	अखिलेश
बहुवचन (1999)	अशोक वाजपेयी
कथाक्रम (2000)	शैलेन्द्र सागर
परख (2000)	कृष्ण मोहन
पुस्तकवार्ता (2001)	राकेश श्रीमान
नया ज्ञानोदय (2002)	रवीन्द्र कालिया
वाक् (2007)	सुधीश पचौरी
पाखी (2008)	अपूर्व जोशी
पुस्तक संस्कृति (2016)	बलदेव भाई शर्मा

साहित्यकारों के आश्रयदाता

साहित्यकार	आश्रयदाता
आदिकाल	
अमीर खुसरो	बलबन
चन्दबरदाई	महाराज पृथ्वीराज चौहान
जगनिक	परमार्दिदेव (परमाल)
पुष्पदंत	कृष्णराज तृतीय (राष्ट्रकूट वंश के राजाधिराज), महामात्य नन्न
भक्तिकाल	
कुतुबन	बादशाह हुसैन शाह (जौनपुर)
रीतिकाल	
आलम	शाहजादा मुअज्जम (औरंगजेब का द्वितीय पुत्र)
केशवदास	इन्द्रजीत (ओरछा नरेश के भाई)
कुलपति मिश्र	रामसिंह (जयपुर नरेश के पुत्र)
करन कवि	महाराज हिन्दूपति सिंह (पन्ना नरेश)
गुमान मिश्र	राजा अकबर अली खाँ (पिहानी)
घनानन्द	मुहम्मदशाह रंगीला
चिन्तामणि	भोंसला राजा मकरंद शाह (नागपुर)
ठाकुर	राजा केसरी सिंह
(बुन्देलखंडी)	राजा पारीछत
देव	आजमशाह, भवानीदत्त वैश्य, कुशल सिंह, राजा (सेठ) भोगीलाल, राजा उद्योत सिंह, अली अकबर खाँ,राजा मोतीलाल
पद्माकर	महाराजा रघुनाथ राव (नागपुर), हिन्दूपति सिंह (पन्ना), राजा प्रतापसिंह (जयपुर)
बैताल	राजा विक्रमसिंह (चरखारी)
बोधा (बुद्धिसेन)	पन्ना नरेश महाराज खेत सिंह
ब्रह्मदत्त	बाबू दीपनारायण सिंह (काशी नरेश के अनुज)
बेनी प्रवीन	नवल कृष्ण उर्फ ललन
बेनी बंदीजन	महाराज टिकैतराय
भिखारीदास	हिन्दूपति सिंह
भूषण	छत्रपति महाराज शिवाजी महाराज छत्रसाल (पन्ना नरेश)

मतिराम	महाराज भावसिंह (बूँदी नरेश)
मण्डन	राजा मंगल सिंह
रतन कवि	राजा फतहसाही (श्रीनगर गढ़वाल)
लाल कवि (गोरेलाल)	महाराज छत्रसाल (बुन्देला)
वृंद कवि	महाराज जसवंत सिंह (जोधपुर), औरंगजेब, रूपसिंह (किशनगढ़)
'रसलीन' सैयद गुलाम नबी	सफदरजंग
सोमनाथ	प्रताप सिंह
सूदन	सुजान सिंह उर्फ सूरजमल (भरतपुर)
सुरति मिश्र	मुहम्मदशाह (दिल्ली)
हितवृन्दावन दास 'चाचा'	बहादुर सिंह (महाराज नागरीदास जी के भाई)

साहित्यकारों के उपनाम

वास्तविक नामा	उपनाम
अबुल हसन यमीनुद्दीन खुसरो	अमीर खुसरो, तोता-ए-हिन्द
आचार्य महावीर प्रसाद द्विवेदी	आत्माराम
आचार्य हेमचन्द्र	कलिकाल सर्वज्ञ
आनन्दीलाल	जैनेन्द्र
अवतार सिंह संधू	पाश
अब्दुर्रहीम खानखाना	रहीम
अम्बिकादत्त	व्यास
उदयनाथ (कालिदास त्रिवेदी के पुत्र)	कवीन्द्र
उपेन्द्रनाथ	अश्क
इब्राहीम शाह	शेख फरीद
केशवदास	कठिन काव्य का प्रेत
कैलाश सक्सेना	कमलेश्वर
केदारनाथ अग्रवाल	केन का कवि
कान्तानाथ पाण्डेय	चोंच
कुमार विकल	धूमधर्मी कविताओं का कवि
कन्हैयालाल मिश्र	प्रभाकर

केदारनाथ मिश्र	प्रभात
कृष्णदेव प्रसाद गोड़	बेढब बनारसी
कबीर	वाणी का डिक्टेटर
कृष्ण बलदेव	वैद
कुलदीप सिंह	शमशेर बहादुर सिंह
किशोरीदास वाजपेयी	हिन्दी का पाणिनि
गिरिजा कुमार माथुर	ऐन्द्रियता का कवि
गोपालराम	गहमरी
गिरधर दास	गोपालदत्त
गोरखनाथ	जहरपीर
गयाप्रसाद शुक्ल	त्रिशूल/सनेही
गोपालदास	नीरज
गोपाल सिंह	नेपाली
गिरिजा कुमार घोष	पार्वती नन्दन
गजानन माधन	मुक्तिबोध/फैंटेसी का कवि
गोरेलाल पुरोहित	लाल कवि
गुलशेर खाँ	शानी
गौरापंत	शिवानी
गिरिधर शर्मा	नवरत्न
चन्द्रधर शर्मा	गुलेरी
चन्दबरदाई	चन्द
चण्डीप्रसाद	हृदयेश
चन्द्रभूषण त्रिवेदी	रमई काका
जयशंकर प्रसाद	आधुनिक कविता के सुमेरु, कलाधर/प्रसाद
जगन्नाथ दास 'रत्नाकर'	जकी/रत्नाकर
जनार्दन प्रसाद झा	द्विज
जगन्नाथ प्रसाद	मिलिन्द
जगदम्बा प्रसाद	हितैषी
जैनेन्द्र	हिन्दी का शरत्
तुलसीदास	कवि शिरोमणि/मानस का हंस
तिरूमल्लै नम्बाकम् वीर राघवाचार्य (टी. एन. वी. राघवाचार्य)	रांगेय राघव

दुष्यंत कुमार	अनुरागी, गजल सम्राट, परदेशी
देवेन्द्र शर्मा	इन्द्र
दत्तात्रेय बालकृष्ण कालेलकर	काका कालेलकर
देवदत्त	देव
धनपत राय (प्रेमचन्द)	कथा/कहानी सम्राट, कलम का मजदूर/सिपाही, नवाबराय/प्रेमचन्द, भारत का मैक्सिम गोर्की, उपन्यास सम्राट
निम्बार्क	आरुणि
नाथूराम शर्मा	कविता कामिनी कान्त/भारतेन्दु प्रज्ञेन्दु/शंकर
नन्ददास	जड़िया
नलिन विलोचन शर्मा, केसरी कुमार, नरेश कुमार	नकेल
नारायण दास	नाभादास
नरहरि बन्दीजन	महापात्र
नन्ददुलारे वाजपेयी	सौष्ठववादी/स्वच्छन्दतावादी आलोचक
पुष्पदंत	अपभ्रंश का भवभूति, अभिमानमेरू
पाण्डेय बेचन शर्मा	अष्टावक्र, उग्र
पूर्णशंकर शुक्ल	नरेश मेहता
पण्डित मदन मोहन मालवीय	मकरंद
पृथ्वी सिंह	रसनिधि
पुरुषोत्तम दास टण्डन	राजर्षि
प्रताप नारायण मिश्र	हिन्दी का एडीसन
पुरुषोत्तम टण्डन	हिन्दी का प्रहरी
फणीश्वरनाथ	रेणु
बालकृष्ण शर्मा	नवीन
बदरीनारायण चौधरी	प्रेमघन
बख्शी हंसराज श्रीवास्तव	प्रेमसखी
बालकृष्ण भट्ट	हिन्दी का स्टील/मोटेंन
बुलाकीराम	बुल्ला साहब
बुद्धिसेन	बोधा
भारतेन्दु हरिश्चन्द्र	कलियुग का कन्हैया
भिखारीदास	दास

भवानी प्रसाद मिश्र	सहजता का कवि
भूषण	हिन्दू जाति का प्रतिनिधि कवि
भगवानदीन	लाला
मध्वाचार्य	आनन्दतीर्थ
महादेवी वर्मा	आधुनिक युग की मीरा
माखनलाल चतुर्वेदी	एक भारतीय आत्मा
महेशदास भट्ट	कविराय/ब्रह्म/बीरबल
मलिक मुहम्मद	जायसी
मैथिलीशरण गुप्त	दद्दा
महाराजा मानसिंह	द्विजदेव
महाराज सावंत सिंह	नागरीदास
मैथिलीशरण गुप्त	मधुप
मोटुरि सत्यनारायण	दक्षिण का टण्डन
मतिराम	पुराने पथ का पथिक
महावीर प्रसाद द्विवेदी	भुजंगभूषण भट्टाचार्य/सुकवि किंकर
मनीराम	भूषण
महेन्द्र कुमारी	मन्नू भंडारी
मोहनलाल महतो	वियोगी
मदन वात्स्यायन	सिंदरी का कवि
यारमुहम्मद	यारी साहब
रामेश्वर शुक्ल	अंचल
रामधारी सिंह दिनकर	अधैर्य का कवि, अनल कवि, दिनकर
रसखान	अमृत की वर्षा करने वाला कवि
राजाराम शुक्ल	एक राष्ट्रीय आत्मा
रामवृक्ष बेनीपुरी	कलम का जादूगर
रामकुमार	कृषक
रामनाथ	ज्योतिषी
राजेन्द्रबाला घोष	बंग महिला
राजा गुरुदत्त सिंह	भूपति
रामप्रकाश शंखधर	मधुरेश
रमाशंकर शुक्ल	रसाल
रायदेवी प्रसाद	पूर्ण
रामचन्द्र शुक्ल	मुनि मार्ग के हिमायती

राजा शिवप्रसाद सिंह	सितारे-हिन्द
लोचन प्रसाद पाण्डेय	काव्य विनोद
लाला ठाकुरदास बुन्देलखंडी	ठाकुर
लक्ष्मीनिवास सिंह	मदन वात्स्यायन
लक्ष्मीनारायण	सुधांशु
लक्ष्मीशंकर मिश्र	निशंक
लक्ष्मणसिंह बिष्ट	बटरोही
विश्वम्भर मिश्र	चैतन्य महाप्रभु
वासुदेव सिंह	त्रिलोचन
विद्यापति	कोकिल, अभिनव जयदेव, मैथिलकोकिल
विश्वम्भरनाथ शर्मा	कौशिक
वृन्दावन लाल वर्मा	बुन्देलखंड का चन्दबरदाई
विद्यानिवास मिश्र	भ्रमरानन्द/परम्पराजीवी
वैद्यनाथ मिश्र	नागार्जुन/यात्री
वृंदावन	वृंद
शिव प्रसाद मिश्र	काशिकेय
श्यामलाल गुप्त	पार्षद
शाह कुंदन लाल	ललित किशोरी, ललित माधुरी
शिवमंगल सिंह	सुमन
शरत् चन्द्र	आवारा मसीहा
श्यामसुन्दर दास	बाबू साहब
शिव प्रसाद मिश्र	रुद्र
शिवपूजन सहाय	भाषा का जादूगर, शिव
श्यामबिहारी, गणेशबिहारी और शुकदेव बिहारी (तीनों मिश्र)	मिश्रबन्धु
सच्चिदानन्द हीरानन्द वात्स्यायन	अज्ञेय, कठिन गद्य का प्रेत, कुट्टिचातन, निजता की सुरक्षा का प्रतिनिधि कवि
स्वयंभू	अभ्रंश का वाल्मीकि/कालिदास
सेठ गोविन्द दास	कोशल केसरी
सुमित्रानन्दन पन्त	गोसाईं दत्त/पन्त, कल्पना का लाड़ला, प्रकृति का सुकुमार कवि
सुदामा पाण्डेय	धूमिल, संघर्ष का कवि
सूर्यकान्त त्रिपाठी	निराला/महाप्राण/गरगज सिंह वर्मा
सदासुख लाल	नियाज

सूरदास	पुष्टिमार्ग का जहाज, खंजन नयन/वात्सल्य सम्राट
सत्यनारायण	ब्रजकोकिल/कविरत्न
सआदत हसन	मण्टो
सेवाराम	यात्री
सैयद इब्राहिम	रसखान
सैयद गुलाब नबी	रसलीन
हरिप्रसाद द्विवेदी	वियोगीहरि
हरिवंशराय बच्चन	क्षयीरोमांस का कवि/बच्चन, हालावादी कवि
हरनामदास	भदन्त आनन्द कौसल्यायन
डॉ. हजारीप्रसाद द्विवेदी	व्योमकेश शास्त्री
हजरत अली मुहिब खाँ	प्रीतम
हजारीप्रसाद द्विवेदी	वैद्यनाथ द्विवेदी (बचपन का नाम)
हरिश्चन्द्र	भारतेन्दु/रसा
हरिकृष्ण	प्रेमी
श्रीकृष्ण तिवारी (बाल साहित्यकार)	राष्ट्रबन्धु
श्रीराम वर्मा	अमरकान्त
श्रद्धाराम	फुल्लौरी
श्रीनारायण चतुर्वेदी	भैया साहब

प्रमुख साहित्यिक सूक्तियाँ

आदिकाल

- जहाँ मन पवन न संचरइ, रवि ससि नाहिं पवेस — सरहपा
- अवधू रहिया हाटे वाटे रूप विरष की छाया।
  तजिया काम क्रोध लोभ मोह संसार की माया॥ — गोरखनाथ
- पुस्तक जल्हण हत्थ दै, चलि गज्जन नृप काज — चन्दबरदाई
- मनहु कला ससभान कला सोलह सो बन्निय — चन्दबरदाई
- बारह बरष लै कूकुर जीवै, अरु तेरह लै जिए सियार।
  बरस अठारह छत्री जिए, आगे जीवन को धिक्कार॥ — जगनिक
- देसिल बअना सब इन मिट्ठा तैसन जपऔ अवहट्ठा। — विद्यापति
- गोरी सोवै सेज पर, मुख पर डारे केश।
  चल खुसरो घर आपने, रैनि भई चहुँ देश॥ — अमीर खुसरो
- माधव हम परिनाम निरासा — विद्यापति

भक्तिकाल

- भक्ति द्राविड़ी ऊपजी, लाए रामानन्द।
  परकट किया कबीर ने, सात दीप नौ खंड। — कबीर
- मोको कहाँ ढूँढै बंदे मैं तो तेरे पास में — कबीर
- दसरथ सुत तिहुँ लोक बखाना, रामनाम का मरम है आना। — कबीर
- जाको राखे साइयाँ मारि सकै ना कोय। — कबीर
- मन के हारे हार है, मन के जीते जीत। — कबीर
- साँच बराबर तप नहीं झूठ बराबर पाप। — कबीर
- रस गगन गुफा में अजर झरै। — कबीर
- हेत प्रीति से जो मिलै, तासों मिलिए धाय। — कबीर
- करम गति टारे नाहिं टरे। — कबीर
- प्रभुजी तुम चन्दन हम पानी। — संत रैदास (रविदास)

- अजगर करै ना चाकरी पंछी करै न काम। — मलूकदास
- निरगुन ब्रह्म को कियो समाधू, तब ही चले कबीरा साधू। — संत दादूदयाल
- अपना मस्तक काटि कै बीर हुआ कबीर — संत दादू
- मों सम कौन कुटिल खल कामी। — सूरदास
- भरोसो दृढ़ इन चरनन केरो। — सूरदास
- मानुस प्रेम भयउ बैकुंठी। — जायसी
- हिन्दू मग पर पाँव न राखेउँ, को जो बहुतै हिन्दी भाखेउँ। — नूरमोहम्मद
- होनहार बलवान इसे कोई मत मानो झूठी। — नानकदेव
- करम प्रधान विश्व करि रखा। — तुलसी
- परहित सरिस धरम नहिं भाई,
  परपीड़ा सम नहिं अधमाई। — तुलसी
- केशव कहि न जाइ का कहिए। — तुलसी
- गोरख जगायो जोग, भगति भगायो लोग। — तुलसी
- सब मम प्रिय सब मम उपजाए,
  सब ते अधिक मनुज मोहिं भाए। — तुलसी
- विक्रम धँसा प्रेम का बारा, सपनावती कहँ गयउ पतारा। मंझन (मधुमालती से)
- रुकमन पुनि वैसहि मरि गई, कुलवंती सत सो सति भई। — कुतुबन
- जानत है वह सिरजनहारा, जो कछु है मन मरम हमारा। — नूरमोहम्मद
- काह करौं बैकुण्ठइ जाय।
  जहँ नहिं नन्द, जहाँ न जसोदा,
  जहँ नहिं गोपी ग्वाल न गाय। — परमानन्द दास
- संतन को काह सीकरी सो काम।
  आवत जात पनहियाँ टूटी, विसदि गयो हरिनाम। — कुम्भनदास
- मेरे तो गिरधर गोपाल दूसरो न कोई। — मीराबाई

रीतिकाल

- भूषण बिनु न विराजई, कविता वनिता मित्त। — केशवदास
- अविधा उत्तम काव्य है, मध्य लक्षणा लीन।
  अधम व्यंजना रस विरस, उलटी कहत नवीन॥ — देव
- अमिय हलाहल मद भरे, सेत स्याम रतनार।
  जियत मरत झुकि-झुकि परत, जेहि चितवत एक बार। — रसलीन
- भले-बुरे हैं एक सम, जब लौ बोलत नाहिं।
  जानि परत हैं काक-पिक, ऋतु वसंत के माहिं॥ — वृन्द

- अति सूधो सनेह को मारग है, जहँ नेकु सयानप बांक नहीं। घनानन्द
- काव्य की रीति सीखी सुकवीन सों,
  देखी सुनी बहु लोक की बातैं। भिखारीदास

आधुनिक काल

- निज भाषा उन्नति अहै, सब उन्नति को मूल।
  बिनु निज भाषा ज्ञान के, मिटत न हिय को शूल॥ भारतेन्दु
- जामे रस कुछ होते हैं, ताहि पढ़त सब कोय।
  बात अनूठी चाहिए, भाषा कोऊ होय॥ भारतेन्दु
- हा! हा! भारत दुर्दशा देखी न जाई। भारतेन्दु
- जो विषया संतन तजी, ताहि मूढ़ लपटाति। राधाकृष्ण दास
- कौन करेजो नहिं कसकत सुनि विपति बाल विधवन की। प्रताप नारायण मिश्र
- जैसे कंता घर रहे, तैसे रहे विदेश। प्रताप नारायण मिश्र
- हम दीवानों की क्या हस्ती है, आज यहाँ कल वहाँ चले। भगवतीचरण वर्मा
- दुःख की पिछली रजनी बीच, विकसता सुख का नवल प्रभात।
  जयशंकर प्रसाद
- अब अभिव्यक्ति के सारे खतरे उठाने ही होंगे।
  तोड़ने होंगे ही मठ और गढ़ सब। मुक्तिबोध
- दुःख सबको माँजता है। अज्ञेय
- मैंने उसको जब-जब देखा लोहा देखा
  लोहा जैसे तपता देखा, गलते देखा ढलते देखा। केदारनाथ अग्रवाल
- कर्म का भोग, भोग का कर्म, यही जड़ चेतन का आनन्द। जयशंकर प्रसाद
- वियोगी होगा पहला कवि, आह से उपजा होगा गान। सुमित्रानन्दन पन्त
- चार दिन सुखद चाँदनी रात और फिर अन्धकार अज्ञात। सुमित्रानन्दन पन्त
- मिलन के पल केवल दो-चार, विरह के कल्प अपार। सुमित्रानन्दन पन्त
- जो गहन भाव, सीधी भाषा सीधे छन्द में चाहता है, वह धोखेबाज है।
  निराला
- दुःख ही जीवन की कथा रही, क्या कहूँ आज जो कही नहीं। निराला
- तोड़ दो यह क्षितिज, मैं भी देख लूँ उस ओर क्या है। महादेवी वर्मा
- पन्थ रहने दो अपरिचित प्राण रहने दो अकेला महादेवी वर्मा
- तुमको पीड़ा में ढूँढ़ा, तुममें ढूँढ़ूँगी पीड़ा। महादेवी वर्मा
- मैंने आहुति बनकर देखा, यह प्रेम यज्ञ की ज्वाला है। अज्ञेय

- राष्ट्रगीत में भला कौन वह भारत भाग्य विधाता है।
  फटा सुथन्ना पहने जिसका गुन हरचरना गाता है॥ रघुवीर सहाय
- तू अब तक सोई है आली, आँखों में भरी विहाग री। जयशंकर प्रसाद
- आह! वेदना मिली विदाई। जयशंकर प्रसाद

प्रमुख साहित्यिक कथन

- साहित्य जन-समूह के हृदय का विकास है। बालकृष्ण भट्ट
- हमारे मत में हिन्दी और उर्दू दो बोली न्यारी-न्यारी हैं। राजा लक्ष्मणसिंह
- खुश रहो अहले वतन, हम तो सफ़र करते हैं। प्रताप नारायण मिश्र
- प्रयोगवाद बैठे ठाले का धन्धा है। आचार्य नन्ददुलारे वाजपेयी
- प्रसाद के काव्य में 'मानवीय भूमि', निराला के काव्य में 'बुद्धि तत्त्व' और पन्त के काव्य में 'कल्पना' की प्रधानता है। डॉ. नगेन्द्र
- छायावाद स्थूल के प्रति सूक्ष्म का विद्रोह है। डॉ. नगेन्द्र
- साहित्य दमित इच्छाओं की अभिव्यक्ति का उत्कृष्ट साधन है। फ्रॉयड
- हो जाने दो गर्क नशे में, मत पड़ने दो फर्क नशे में। बालकृष्ण शर्मा 'नवीन'
- आचरण की सभ्यतामय भाषा सदा मौन रहती है। सरदार पूर्णसिंह
- बैर क्रोध का अचार या मुरब्बा है। रामचन्द्र शुक्ल
- निन्दा का उद्गम ही हीनता और कमजोरी से होता है। हरिशंकर परसाई
- परमात्मा की छाया आत्मा में पड़ने लगती है और आत्मा की छाया परमात्मा में, यही 'छायावाद' है। डॉ. रामकुमार वर्मा
- काव्य आत्मा की संकल्पनात्मक अनुभूति है। जयशंकर प्रसाद
- भक्ति आन्दोलन भारतीय चिन्तनधारा का स्वाभाविक विकास है।
  पं. हजारीप्रसाद द्विवेदी
- भक्ति धर्म का रसात्मक रूप है। आचार्य रामचन्द्र शुक्ल
- भाषा पर कबीर का जबरदस्त अधिकार था। वे वाणी के डिक्टेटर थे।
  पं. हजारीप्रसाद द्विवेदी
- बुद्धदेव के बाद भारत के सर्वाधिक बड़े लोकनायक तुलसीदास हैं।
  जॉर्ज ग्रियर्सन
- हिन्दी रीति ग्रन्थों की परम्परा चिन्तामणि त्रिपाठी से चली, अत: रीतिकाल का आरम्भ उन्हीं से मानना चाहिए। रामचन्द्र शुक्ल
- ज्ञान राशि के संचित कोश का नाम साहित्य है। महावीर प्रसाद द्विवेदी
- साहित्य का उद्देश्य दबे-कुचले हुए वर्ग की मुक्ति का होना चाहिए। प्रेमचन्द

- साहित्यकार देश भक्ति और राजनीति के पीछे चलने वाली सच्चाई भी नहीं, बल्कि उनके आगे मशाल दिखाती हुई चलने वाली सच्चाई है प्रेमचन्द
- कबीर में जैसे सामाजिक विद्रोह का तीखापन और प्रणयानुभूति की कोमलता एक साथ मिलती है, कुछ वैसा ही रचाव मुक्तिबोध में है। डॉ. रामस्वरूप चतुर्वेदी
- कविता करने की प्रेरणा सबसे पहले मुझे प्रकृति निरीक्षण से मिली, जिसका श्रेय मेरी जन्मभूमि कूर्मांचल प्रदेश को है। सुमित्रानन्दन पन्त
- भावों की मुक्ति छन्दों की भी मुक्ति चाहती है, यहाँ भाषा, भाव और छन्द तीनों स्वच्छन्द हैं। निराला
- मुझे प्रोफेसरों के बीच छायावाद सिद्ध करना पड़ेगा। निराला
- प्रगतिवाद समाजवाद की ही साहित्यिक अभिव्यक्ति है। डॉ. नगेन्द्र
- सुख-दुःख की भावावेशमयी अवस्था विशेष का गिने-चुने शब्दों में स्वर साधना का उपयुक्त चित्रण कर देना ही गीत है। महादेवी वर्मा
- आनन्द में विलीन हो जाना ही मानव जीवन का परम उद्देश्य है। डॉ. श्याम सुन्दरदास
- इंग्लैण्ड का पेट कभी यों ही खाली था, उसने एक हाथ से अपना पेट भरा और दूसरे हाथ से उन्नति के काँटों को साफ किया। भारतेन्दु
- हिन्दी नई चाल में ढली। भारतेन्दु
- संरचनावाद एक चक्रव्यूह है इसमें फँसकर समीक्षा तो मरती ही है, अपने साथ साहित्यिक कृति को भी ले डूबती है। बच्चन सिंह
- कविता के लिए शाब्दिक प्रतीक होना एक आधारभूत शर्त है, पर हर शाब्दिक प्रतीक 'कविता' नहीं होती। रामस्वरूप चतुर्वेदी
- छायावाद व्यक्तिवाद की कविता है, जिसका आरम्भ व्यक्ति के महत्त्व को स्वीकार करने और करवाने से हुआ। नामवर सिंह